- 本研究获江苏省人才办"333"工程第二层次中青年领军人才项目资助 -

中国与德国
中学化学教材比较研究

——基于《今日化学》的研究

● 倪 娟 著

南京大学出版社

图书在版编目(CIP)数据

中国与德国中学化学教材比较研究：基于《今日化学》的研究 / 倪娟著. — 南京：南京大学出版社，2018.1

ISBN 978 - 7 - 305 - 19984 - 4

Ⅰ. ①中… Ⅱ. ①倪… Ⅲ. ①中学化学课－教材－对比研究－中国、德国 Ⅳ. ①G633.302

中国版本图书馆 CIP 数据核字(2018)第 044544 号

出版发行　南京大学出版社
社　　址　南京市汉口路 22 号　　　　　邮　编　210093
出 版 人　金鑫荣

书　　名　**中国与德国中学化学教材比较研究**
　　　　　　——基于《今日化学》的研究
著　　者　倪　娟
责任编辑　范阳阳　刘　琦　　　　　编辑热线　025 - 83595227

照　　排　南京南琳图文制作有限公司
印　　刷　江苏凤凰通达印刷有限公司
开　　本　787×1092　1/16　印张 10.5　字数 181 千
版　　次　2018 年 1 月第 1 版　2018 年 1 月第 1 次印刷
ISBN 978 - 7 - 305 - 19984 - 4
定　　价　36.00 元

网址：http://www.njupco.com
官方微博：http://weibo.com/njupco
官方微信号：njupress
销售咨询热线：(025) 83594756

前　言

教育部《关于全面深化课程改革 落实立德树人根本任务的意见》中指出，新时期课程改革在立德树人工作中发挥了重要作用。教育要增强时代性，充分体现先进的教育思想和教育理念，根据社会发展新变化、科技进步新成果，及时更新教学内容。教材能凸显一个国家的教育理念、教育水平、学科发展水平、经济和科学技术发展水平等。教材作为课程的重要载体，亦是教师和学生进行教学活动的重要工具，在传递人类文化精髓、塑造社会核心价值方面能起到重要作用。

当今教育处在全球化、信息化时代，学习和借鉴其他国家在教材编写方面的成功经验，是我国课程改革的重要策略之一。由于受到语言的限制，我国对非英语母语国家的化学课程与教材研究较少。德国作为科技与工业大国，其基础教育尤其是理科教育方面的成功经验值得我们学习与借鉴。南京大学胡宏纹院士十分关注基础教育事业，亲自选择并通篇翻译了德国化学教材《今日化学》。《今日化学》是德国出版巨头 Schroedel 出版的德国化学现行主流教材，由《今日化学 SⅠ》(Chemie Heute-Sekundarbereich Ⅰ)（初中化学教材）和《今日化学 SⅡ》(Chemie Heute-Sekundarbereich Ⅱ)（高中化学教材）组成。其编写理念先进，体现了科学知识与工程、技术以及社会生活的高度统一，注重科学方法和思维能力的培养；图文并茂，编排优美，注重整合网络资源；将化学理论知识与实际应用巧妙结合，在广度、深度和难度上达到了和谐统一。胡院士等科学家的全身心投入，代表着科学家们心系祖国的基础教育。学科专家对教材的关注,开辟了教材研究新的领域,为我们打开一扇窗,提升我们的研究水准。

教材比较研究能够在理论与实践方面向人们提供各种丰富的知识与信息,促进国内外教育的发展与改革,帮助我国教育工作者更好地理解本国教育,把握教育发展的普遍规律。目前,我国现行中学化学教材有多个版本,包括人教版、上教版、苏教版、鲁教版。本书旨在对中德中学化学教材在编写理念、内容选择、编排方式以及呈现形式等方面进行深入的比较与分析,客观认识我国基础教育水平,反思和改进我国基础教育改革现状;开拓视野,总结德国中学化学教材的优点与特色,为我国教材的修订与使用提供借鉴与参考。

本书论文成果均由一线教师在本人具体指导下合作完成,已经正式发表。研究过程中也培养了一批特优化学教师,促进了一线教师更深入地研究教材、选择教材以及开发教材。成果以专题形式呈现,包括概念设计、内容选择、实验设置、特色探究、习题亮点五个方面。专题式呈现教材比较研究的内容,有助于发现教材编写的共同规律和发展趋势,在实践层面上取长补短,深化教材改革。

总之,中德化学教材的比较研究,可以使我们更加科学地认识化学教育规律,认识我国中学化学教材设计水平,为我国发展高水平的化学教育奠定基础。希望本书的出版能够为有志于研习中德化学教材,全面提高化学教学、科研水平,拓展国际视野的高校及中学教师、教研人员、本科生、研究生提供有力的帮助。

目　录

第一章　概念设计

第一节　中德教材中"同分异构体"概念的引入对比

化学概念是化学知识的基础,化学概念教学是化学教学的重点。化学概念的引入在化学概念教学中起着十分重要的作用。引入的方式不一样,就会使学生对概念的理解产生差异,甚至会影响学生的基本化学观念的形成。虽然教材的引入不同于教学的引入,但教材的引入方式对教学的引入方式有很大的影响。

同分异构体是有机化学中基础且重要的化学概念,是学习烷、烯、炔、苯、卤代烃、醇、醛、羧酸、酯等各类有机物的基础,也是正确判断有机物种类和书写有限制条件的同分异构体结构简式的必备条件,因此对"同分异构体"概念的理解尤为关键。本节就"同分异构体"概念的教材引入部分,以人教版高中必修 2、苏教版高中必修 2 和德国莱茵兰-普法尔茨州的化学启蒙教材《今日化学 SI》作为参考,进行分析对比,并得到一些有益的启示。

一、概念引入的整体对比

从整个引入部分来看,中德两国的教材都是在甲烷的基础上引入丁烷,然后给出丁烷的两种结构,通过比较得出虽然两种丁烷的组成相同,但分子中原子的结合顺序不同,即分子结构不同,属于两种不同的化合物。最后得出"同分异构体"的概念,即"具有相同的分子式,但是有不同结构的化合物互称为同分异构体"。但是中德两国分别在丁烷的引入方式和同分异构体概念的给出方式及知识的承接性上有很大的不同。

二、"图示或搭建模型"与"液化气——它是什么?"

在丁烷的引入方式上,中德两国的教材的表现方式有很大的不同。

人教版必修 2 教材直接给出丁烷的结构,在教材中这样表述:甲烷、乙烷、丙烷的结构各只有一种,而丁烷却有两种不同的结构(如图 1-1 所示)。虽然丁烷的组成相同,但分子中原子的结合顺序不同,即分子结构不同。

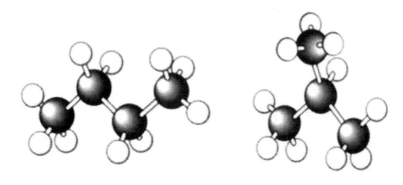

图 1-1　丁烷的球棍模型

苏教版必修 2 教材首先通过模型制作实践活动,让学生亲自体验,教材中有这样的活动与探究:用不同颜色的小球代替碳、氢原子,用塑料棒代表原子间形成的共价键,依据碳、氢原子形成共价键的特征,制作组成为 C_4H_{10} 的有机化合物的分子结构模型。你可以制出几种不同的分子结构模型? 当学生完成后又指出:科学实验证明,分子式为 C_4H_{10} 的有机化合物有两种——正丁烷和异丁烷,它们的分子结构不同,性质也有差异。

由此可见,国内教材人教版是直接给出丁烷的两种不同结构的球棍模型图示,苏教版通过制作丁烷模型的实践活动,使学生有了自己的亲身体验,笔者认为这样安排较人教版好。但是人教版和苏教版都是从丁烷的两种不同结构出发,预测性质不同,再到给出性质(沸点)不同的事实,体现结构决定性质的逻辑顺序,本质上是演绎方法在中学化学教材编写中的具体运用。

德国教材从"液化气——它是什么?"角度指出除了甲烷以外,其他碳氢化合物也用作产生能量的物质。例如在打火机或在气罐中用的碳氢化合物,它们常压下为气体,而在加压下易液化,称为液化气。在透明的打火机中可以直接看到液化气。接着指出常用的打火机液化气由三种碳氢化合物组成,它们的沸点分别为$-42\,^{\circ}\text{C}$、$-12\,^{\circ}\text{C}$、$-1\,^{\circ}\text{C}$。然后给出第一种成分为丙烷(C_3H_8),另外两种成分具有相同的分子式C_4H_{10},这就是丁烷,再分别给出两种球棍模型和比例模型,同时分析在第一种情况下分子中 4 个碳原子排列成一条链,这就是正丁烷;在第二种情况下分子是分叉的,这就是异丁烷。由此可见,德国教材从日常生活中学生熟悉的液化气→打火机里气体三种成分→性质(沸点)不同→得出不同结构,即从学生熟悉的两种物质的性质(沸点)不同,探究推导出性质不同是由结构不同所导致的,再从结构角度提升认识,本质上是归纳方法在中学化学教材编写中的具体运用。笔者感觉到德国教材在丁烷及其两种不同结构的引入上体现出教材的呈现方式和内容贴近学生的生活实际,贴近学生已有的知识水平,有利于学生的知识建构,同时也体现出教材的科学性、探究性、趣味性、可读性,使教材既便于教师的教学,又便于学生的自学。

三、"直接法"与"动脑与动手实践"

引入了两种分子结构不同的丁烷后,就可以定义同分异构体的概念,中德两国教材在这方面的处理也不一样。

中国教材在给出丁烷的两种不同结构后,接着从球棍模型、结构式、沸点、分子式、名称等角度比较两者的异同,然后人教版、苏教版都是采用"直接法"直接给出同分异构现象和同分异构体的概念。苏教版接着又通过观察与思考乙醇和二甲醚的结构模型和结构式,通过例证来巩固所学概念,从而加深对概念的理解。

德国教材设计一系列动脑动口与动手、练习与实践活动让学生进一步感悟同分异构的概念,如:(1)写出液化气蒸馏时生成的三种馏分的名称和沸点。(2)叙述正丁烷与异丁烷的不同分子结构。(3)计算丁烷的摩尔质量(① 从密度计算;② 从分子式计算)。(4)打火机不能长期放在有阳光照射的地方,请说明这个安全措施的原因。通过进一步的参与活动,学生能够加深对丁烷两种不同结构的理解,逐步形成概念。此外,德国教材中提醒学生注意打火机存放的安全这一项,让人感觉到学习化学很有用,可以很好地解决生活中的问题,同时说明化学是一门严谨的学科。在人教版教材中没有或很少提及日常安全,这需要编者在教材编写中融入。

四、"戛然而止"与"承上启下"

概念引入时需要抓住新旧知识的联系,这样不但能使学生复习巩固旧知识,而且可把新知识由浅到深、由简单到复杂、由低层次到高层次地建立在旧知识的基础上。而中国教材人教版和苏教版在"同分异构体"概念呈现后,既没有对已学过的概念进行承接,也没有进一步拓展延伸。其实学生已经学习过"同位素"和"同系物",可以先比较这 2 个概念,再在此基础上进行"同分异构体"的教学,并比较 3 个概念的不同之处,使学生清晰掌握概念。比较可以通过列举各个概念的例证和比较概念的属性来进行,也可以从概念名称来比较:顾名思义,"同位素"的"同位"是指"(在周期表中)同一位置";"同系物"的"同系"是指"同一系列";"同分异构体"的"同分"是指"相同分子式","异构"是指"不同的结构,即原子的组合方式不同"。这种教学策略叫"比较性组织者",主要用于容易混淆的概念,如学生往往感到难以区分的"同位素""同系物"和"同分异构体"等概念。

德国教材在学生充分认识和体验丁烷的两种不同结构并初步学会同分异构体的概念后,接着又从多样性——分枝和成环角度认识己烷,教材这样表述:己烷通常用作溶剂,其沸点范围为 50 ℃至 70 ℃,液体没有固定的沸点,因此,己烷不是纯物质而是混合物。该混合物由结构不同的己烷分子组成。在正己烷分子中 6 个碳原子排列成一条碳链,是不分枝的己烷,而其他的己烷分子中碳原子的排列则是分枝的。这些不同的己烷分子的分子式都是 C_6H_{14},但碳原子互相连结的方式不同,这种现象称为异构,每一种化合物则称为异构体,至此自然地才给出同分异构体的概念。然后又指出一种化合物的可能的异构体数目,随着碳原子数目的增加而迅速上升。丁烷(C_4H_{10})有 2 种异构体,己烷(C_6H_{14})有 5 种异构体,而癸烷($C_{10}H_{22}$)有 75 种。二十烷($C_{20}H_{42}$)想象中可能的异构体有 366 319 种。这样做丰富了学生头脑中同分异构体概念的外延,深化了学生对概念的理解。

考虑到教材难度和学生的接受能力两方面因素,两国教材第一阶段都没有继续深入探讨其他类型的同分异构体,如在食品化学、药物化学和生物化学当中,顺反异构体是经常要被考虑到的;而对映异构体在近几十年来成为药物化学和生物化学关注的焦点,因为在生物有机体当中,我们知道的大部分异构体间的转化是有意义的。医药工业和大学里面的研究员们已经把色析法作为一种有效的分离两种同分异构体的办法。然而,这种方法在工业化的环境下是不适用的,因为它十分昂贵,因此仅当另一种同分异构体有潜在危害的时候才被使用。

五、启示

新课程强调知识的来源,概念教学不只是让学生知道概念的定义,更重要的是让学生知道为什么要学习这个概念,其来源是什么,比如要使学生认识到学习同分异构体概念是必要的、自然的,不是突然冒出来的。德国教材从"液化气——它是什么",引出生活中常见的打火机中可以直接看到液化气,其主要成分为丙烷、正丁烷、异丁烷,由各自沸点这个性质的不同预测其结构不同,然后再给出丁烷两种不同的结构,让读者感觉到新概念的出现比较自然流畅,来源于生活,用于解决生活中的问题,服务于生活。这样长此以往,学生就会逐渐在学习过程中自己给自己提出下一步要研究什么问题,发展自我探究知识的能力。而中国教材中丁烷两种不同结构的引入以及同分异构体概念的给出好像是突然冒出来的,不符合新课程所要求的"讲背景、讲过程、讲应用、讲历史、讲思想、讲文化",没有交代同分异构体这个概念的来源,不利于学生理解为什么要学习这个概念,只是机械地阐述这个概念的定义,不能很好地激发学生的学习兴趣。

德国教材中的难点分散,从生活中常见的事物入手,慢慢生长和产生概念,不然同分异构体好像是突然冒出来的,从性质不同反映出结构不同,再从结构角度提升认识,教材这样的呈现方式和内容贴近学生的生活实际,贴近学生已有的知识水平,有利于学生的知识建构,有利于促进学生对同分异构体概念的理解和掌握,同时也体现出教材的科学性、探究性、趣味性、可读性,使教材既便于教师的教学,又便于学生的自学。

第二节　德国中学化学教科书中的概念设置及其特点
——以"化学反应速率"为例

化学反应速率的学习是认识化学反应的重要基础,对生产、生活、实践都具有极其重要的意义和作用。就化学学科知识结构而言,化学反应速率是化学动力学的核心,因此,它是中学化学的重要概念。在化学概念学习中,概念理解是首要的。教材教学中如何设置内容来帮助学生获得对化学概念的真正理解、发展学生的化学思维和化学理解力,来激发学生积极思维,真正实现学生对化学概念的建构是个历久弥新的重要问题。本节以"化学反应速率"为例,基于概念理解视角,来分析德国莱茵兰-普法尔茨州的化学启蒙教材《今日化学 S Ⅱ 》(Chemie Heute-Sekundarbereich S Ⅱ)中关于化学概念的内容设置及其特点,以期为普通高中化学教材编写及教学实践提供借鉴。

一、"化学反应速率"内容设置及比较

(一) 德国教材"化学反应速率"内容的模型

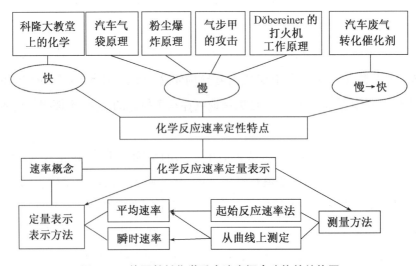

图 1-2　德国教材化学反应速率概念建构的结构图

德国教材联系生活实际(如图 1-2),列举了反应速率大小不一的实例,引导学生从定性转向定量的视角表示反应速率,进一步提出采用起始反应速率法和结合"浓度—时间"曲线来测定化学反应的平均速率和瞬时速率。

(二)苏教版高中化学教科书与德国教科书内容设置比较

表 1-1　苏教版和德国教材"化学反应速率"内容设置及比较

		苏教版	德国教材
概念的引出	内容设置	以中和反应、爆炸等引入反应速率有差异(表述无图片、学生日常生活事例列举较少)	科隆大教堂的损坏,气袋(车用安全气囊)原理(有图片和比较详细的文字叙述),粉尘爆炸,汽车废气的处理,气步甲(一种昆虫)的攻击原理,Döbereiner 的打火机原理,2007 年诺贝尔化学奖
	比较	引入开门见山,直奔主题。以反应速度较快的反应或现象引出化学反应速率概念(较为关注知识的本身)	以大量生活中存在的实例,引导学生关注身边的相关生物、化学现象,用精美的图片激活学生较为真实的生活体验,激发强烈的学习兴趣(关注学生真实生活体验,实例均为当今学生日常生活所能接触)
反应速率的表示方法	内容设置	1. 观察与思考:以过氧化氢分解中 $c(H_2O_2)$ 浓度的变化为例,提出反应速率的定量表示方法 2. 从过氧化氢的分解引出各物质的速率比较	1. 以大理石和盐酸反应为例,提出反应速率的定量判断方法,通过方程式中化学计量系数的关系,得出同一反应可用不同物质表示速率,速率之比等于计量系数之比 2. 通过计算氢溴酸、氢碘酸分别与 1 g 大理石反应中需要酸的量,学生有机体会在计算时物质的量和质量的区别 3. 计算碳酸钙和盐酸反应生成氯化钙的速率 4. 通过分别计算合成氨反应中 $v(N_2)$ 和 $v(H_2)$ 的速率,比较其数值关系,进一步清楚反应速率之比与物质的计量系数的关系
	比较	直接告知学生过氧化氢浓度随着时间变化的数据,从定量的角度来计算化学反应速率	以碳酸钙和盐酸反应为例,不断改变问题角度:1. 盐酸改成氢溴酸和氢碘酸;2. 改变物质的量的表示方法,分别用质量和物质的量表示消耗的酸的量;3. 通过告知 10 s 内生成 100 mL 含 30 mg 氯化钙的溶液,计算反应速率。对化学反应速率的计算设置了不同梯度,加深对概念的理解

续　表

		苏教版	德国教材
反应速率的测定方法	内容设置	以过氧化氢分解中 $c(H_2O_2)$ 浓度的变化为例,分析得出求得的相关速率为平均速率,同时告知学生瞬时速率可以通过数学方法从物质的浓度随时间的变化曲线获得	1. 以锌和盐酸反应制取氢气为例,作出锌与盐酸反应的浓度—时间图像,如图 1-3,由某点的切线的斜率得到某时刻的瞬时速率 2. 探究反应速率的测定常用方法,即调整一种反应物起始浓度,使 Δc 值相同,分别测定每次反应时间 $t_r = \Delta t$。并用指示剂判断反应所需的时间
	比较	1. 告知瞬时速率的得到可以通过数学方法获得,但是没有明确用何种方法 2. 简单介绍通过实验测定化学反应速率,测定不同反应时刻反应物或生成物的浓度,可通过观察和测量体系中的某一物质(反应物或生成物)的相关性质(测量气体的体积、比色法),再进行适当的转换或计算	1. 图像法:从浓度—时间图上某时间段 Δt 内割线的斜率表示该时段的平均速率;$\Delta t \rightarrow 0$ 时,割线变成了切线,切线的斜率相当于瞬时速率(如图 1-4) 2. 起始反应速率法:用一系列研究确定,一般是连续测定一种反应物的浓度(反应开始时,浓度差不多呈线性变化,反应速率实际与小的浓度变化范围 Δc 内的平均速率一致)。但是没有介绍实例

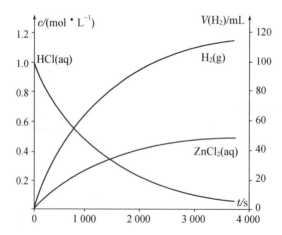

图 1-3　锌粒和盐酸反应的浓度—时间图

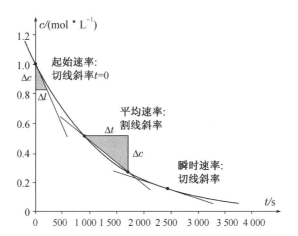

图 1-4 从曲线上测定反应速率

表 1-1 对苏教版教科书和德国教材"化学反应速率"相关内容设置进行对比。众所周知,我国教材中对化学反应速率的设计通常分三个阶段:初中阶段学生通过催化剂可以改变反应速率这一认识建立一定的感性认识;对《必修 2》的学习使学生认识温度、催化剂等因素对化学反应速率的定性影响;在《化学反应原理》专题 2 开始涉及定量表示化学反应速率。从上表对比分析可见,德国教材从实际生活实例结合五张图片给予学生反映速率有快慢这样一个定性的感官映象,这些实例包括了环境(科隆大教堂外形以及雕塑的变化)、生活(汽车气袋、废气转化、粉尘爆炸)、生物的保护性(气步甲的攻击)、科技的发展(Döbereiner 打火机),由此引出从定量角度(反应速率有快慢之分,并且使用催化剂可以改变反应速率)表示化学反应的快慢,即化学反应速率的概念。结合速率的特征提出平均速率和瞬时速率的比较,然后分别采用化学对比试验的方法和从数学曲线的斜率角度测定反应速率,这样形成了较为完整的化学反应速率的概念体系。

二、德国教材"化学反应速率"内容设置特点分析

(一) 注重知识融合,提高问题解决能力

苏教版和德国教材在对化学反应速率的表达中都涉及了平均速率和瞬时速率。在苏教版中用"瞬时速率也可以由物质的浓度随时间的变化曲线通过

数学方法得到"一句话带过。德国教材中结合数学中割线和切线的斜率表示了平均速率和瞬时速率,充分利用了数学工具解决化学问题,更注重学科知识间的融会贯通。

德国教材对瞬时速率的教材处理:如图 1 - 4,在时段 Δt 内计算出浓度差与时段的商 $\dfrac{|\Delta c|}{\Delta t}$,就得到这一时段的平均速率 $\bar{v}$,它相当于浓度—时间图上割线的斜率。使选用的时段越来越短,最后割线变成切线,切线的斜率相当于瞬时速率 v,等于 $\Delta t \rightarrow 0$ 时平均速率的极限值: $v = \lim\limits_{\Delta t \rightarrow 0} \dfrac{|\Delta c|}{|\Delta t|}$。反应的起始速度由时间 $t = 0$ 时的切线的斜率得到。

德国教材中,结合锌粒和盐酸反应的浓度—时间图像,对平均速率和瞬时速率作了具体标注,从曲线上看出,在某一条曲线上任意一点的切线的斜率不同,所以,随着时间的变化,反应速率是在不断变化的;由于浓度—时间图像呈现非线性变化,曲线的切线斜率和割线斜率不相同,所以平均速率和瞬时速率是不相同的。这样,就可以让学生明白平均速率和瞬时速率的相似点和不同点,并为后续学习浓度对反应速率的影响作了铺垫。

可以说,运用斜线或割线的斜率,平均速率和瞬时速率这些相关概念可以加深学生对化学反应速率的理解,避免学生记忆相对独立的知识和概念,有利于形成科学的化学反应速率概念。从这方面看,德国教材的处理方法无疑更有利于学生以数学、物理等已有的相关知识加深对化学反应速率的理解。

(二) 注重思维引导,养成学科思想方法

1. 更注重定量测定的精度

苏教版测定反应速率是以"过氧化氢在催化剂的作用下分解"为例,提供每隔 20 min 的 $c(H_2O_2)$;人教版以"锌粒和不同浓度的稀硫酸反应"为例,记录收集 10 mL 氢气所用的时间(单位:min);鲁教版以"镁条和浓度不同的盐酸反应"为例,记录镁条完全消失所用的时间 t(单位:min)。德国教材中采用的是过量的锌和盐酸反应,记录数据并作出浓度—时间(单位:s)图像。

在金属与酸的反应中,锌粒相对于镁条而言要慢,但是德国教材在测定数据时使用了更精确的时间单位"s",能够引导学生更仔细地观察实验现象,对数据的采集要求更高。相比较国内教材而言,德国教材在实验采集数据时对精度要求更为严格,更重视在数据的采集过程中学生的观察和测定过程。

2. 更注重实验方法的引导

德国教材较为详细地介绍了化学中常用的试验方法——对比实验。利用改变初始浓度测定反应速率,即控制其他变量,仅改变起始浓度,测定反应所需要的时间,从而得出反应平均速率。实际测定中,为了追踪反应的进程,一般是连续测定同一种反应物的浓度。用起始反应速率法可以比较容易地达到这一目的。如浓度—时间图中,反应开始时,浓度差不多呈线型变化。起始反应速率实际上与小的浓度变化范围内(Δc)的平均速率一致。所以保持其他条件不变,通过改变起始浓度(使它们的 Δc 值相同,而形成一系列不同的反应),分别测定每次的反应时间 $t_r = \Delta t$,可以比较容易地得出相应时间内的平均反应速率。德国教材还进一步指出最适用这种方法的反应在浓度变化为Δc 时加进去的指示剂会有颜色变化。

反应速率可以通过实验测定,苏教版描述为"可以用比色法测定溶液颜色的深浅,再根据溶液颜色与反应物浓度(或生成物浓度)的关系,换算成反应物(或生成物)在不同反应时刻的浓度"。这种表达总感觉有些突兀,在增加了知识的预留空间的同时又凭空增加了一些困惑。

在数字化时代,我们还可以结合使用 pH、二氧化碳、色度计、温度和压强等传感器,利用传感器实时采集数据,使作出的图形更直观,这样分析的结果也会更科学、可信。

(三)重视情景设置,激发探究学习热情

建构主义认为,理想的学习环境应当包括情境、协作、交流和意义建构四个部分,倡导以学生为中心的学习。德国教材列举了建筑、生物、生活、现代和传统工艺等实例,激发学生的求知欲望。始建于 1248 年的科隆大教堂尽管经过多次维修但是外墙的损坏依然严重,引导学生知晓尽管有的反应速率很慢但是也不容忽视;我国江苏、安徽等地的野生物种黑气步甲具有攻击性行为是由氢醌催化过氧化氢分解释放热和高压而导致的。学习内容中融入工业生产和日常生活中的情境,有助于唤起学习动机,进而达到良好的学习效果。

教材在科隆大教堂上的化学、汽车气袋和粉尘爆炸等实例后设置了两题作业:"1. 哪些情况是你已经知道的? 2. 对有关化学过程原理的说明你有哪些问题?"引导学生通过观察现象,思考问题的本质和相关原理,探索现象的缘由,在解决问题的过程中自主理解知识,同时使学生更有机会触及化学本质问题。在定量测定化学反应速率时设置了"从日常生活中举出反应速率与一种反应物的表面面积有关的反应",引导学生思考影响速率的因素,逐渐过渡到新的学习内容——影响化学反应速率的因素。作业的设置已经完全突破了国内教材所限的"知识巩固"的范畴,"温故"的同时能带领学生在问题解决中"知新",应该说,这部分是我们现有的化学教材比较欠缺的。

(四) 明确中心问题,夯实核心知识基础

注重运用化学知识方法来解决社会生活真实问题是德国教材的一大特色,而且这种"现实导向"并不只体现在背景上的丰富,其落脚点是问题解决,目的在于让学生运用化学知识理解现实中的相关问题并解释某种现象。

例如,同是教学化学反应速率,德国教材强调利用概念并借助数学、物理、实验等工具解决问题,而我国教材强调知识间的联系,强调"反应速率的计算和同一反应中各物质的速率之间的关系"。

德国教材每个章节都首先提出了知识基础和中心问题。在"化学反应速率"部分,列出了相关的知识基础,不仅有化学知识,如"物质的量""物质的量浓度""摩尔质量""摩尔容积""放热反应""吸热反应",还有相关学科的知识,如物理的"能量图""动能"和数学的"曲线的斜率"。同时提出了学习的中心问题:"反应速率是如何定义的""如何测定反应速率和进行比较""影响反应速率的因素是什么"。

建构主义教育理论认为,理解概念要对该概念所属体系有所了解,需要原有的概念进行固着,并在此基础上对原有概念进行限制、拓展和完善。相比较而言,德国教材注重新概念和原有概念的联系和差异,也更明确了学习的过程是解决问题的过程,有利于学生知识的建构和方法的习得。

教科书的功能应该是辅助学生学习的主要工具。德国教材比较清楚地提出了学习必须具备的知识基础和学习的目的,国内的教材疏忽了这一环节,仅仅列出了一系列的章节目录或标题。现有的国内教材在使用过程中,学习目的往往是由教师在课堂教学时提出或学生从教学参考书上了解,相比较而言,德国教材学习的指向比较明确,有利于学生摆脱对于老师的过度依赖,提高自主学习的可能性。教材的编写中如何适当考虑增加课程标准对学习内容的说明或解读,应该是一个值得我们深入研究和探讨的问题。

三、结论

从中德教材"化学反应速率"的内容设置及其特点的比较分析可以看出,两者都通过一定的知识背景引出化学反应速率的概念,进一步讨论化学反应速率的定量表示方法。相比较而言,德国教材凸显知识基础和中心问题,注重学科经典的同时与当今新科技、新发现相结合,注重精准的定量思维和方法的引导,重视运用教学背景激发学生的学习兴趣,引导学生通过实验探究深化概念的理解,运用概念解释生活中的相关现象,并激发学生思考"影响化学反应速率的因素",强调学科融合基础上的概念理解。

第三节　德国中学化学教材中核心概念的编写特色研究
——以"化学平衡"内容板块为例

加德纳提出课程应围绕核心概念来组织,使核心概念以不同的方式、从不同的角度、适应不同的智能组合而反复呈现。德国教材素以重现代化教育和实用技术著称,其多元的切入方式、多样的视角、丰富的材料,具有一定的借鉴意义。本节就德国莱茵兰-普法尔茨州的高中化学教材《今日化学 SⅡ》(Chemie Heute-Sekundarbereich SⅡ)中的"化学平衡"知识板块为例,介绍德国教材中核心概念的编写特色,以期给我国的教材修订及教学实践提供借鉴。

一、核心概念的界定与教学功能

(一) 核心概念

核心概念是位于学科中心的概念性知识,包括重要概念、原理及理论等的基本理解和解释,内容能够展现当代学科图景,是学科结构的主干部分。依据课程标准和教学实际,确定中学化学平衡内容有以下核心概念:可逆反应的限度、化学中的平衡、平衡常数、勒夏特列原理。

(二) 教学功能

核心概念是学科的灵魂,是经过高度提炼概括后,形成的超越事实的思考方式,具有统摄性和概括力。核心概念可以为新知识的获取提供组织结构,从而使学生于在校期间和毕业后能够运用这些核心概念迅速获取新知识。奥苏贝尔提倡,教师要教给学生学科和教材的基本结构,即那些最有"解释力量"的高度抽象和概括性观念,从而以有效的方式促进学习和迁移。核心概念的体现方式反映了学习进程。

二、德国教材核心概念的编排特色

(一) 德国教材中的"化学平衡"内容

在德国教材中,化学平衡各部分内容采取了多样化的呈现方式,见图1-5。

国内教材将化学平衡与溶液中的离子反应分列两个单元。德国教材由化学平衡统领,采用总—分—总的方式呈现。学生从四大平衡的研究过程中提炼出平衡学习的基本观念,再上升为核心概念,最后回归到实际应用中深化理解。

通过"事实提炼→本质理解→核心概念→应用"的编排特色(见表1-2),呈现出认识发展趋向而非知识解析取向,核心概念的"核心性"正是在这种认识发展的过程中得以体现。在知识点的具体呈现方式上,存在情境素材、图表图像、实验设计等特色,不同的内容有着不同的引入方式,同一主题也采用多样的方式方法,充分考虑的学生的智能结构差异,使学生调动多元智能实现化学核心概念的理解、迁移、应用和创造。而且,不同概念的生成路径相同,这对于进行方法教育无疑会很有好处。

图 1-5 德国教材化学平衡各内容的呈现方式

表 1-2 核心概念的呈现方式与认识发展取向

事实	基本观念	核心概念	应用
工业炼铁 氢燃烧—水分解	反应并非彻底进行	可逆反应在一定条件下,都会达到反应限度	解释解决各类平衡问题,调控化工生产
氢氧化合—水分解	达成平衡状态时,正向速率等于逆向速率,各微粒的含量不再变化	平衡是动态的,$Q=K$ 是维持平衡状态的本质原因	
$N_2O_4 \rightleftharpoons 2NO_2$ 硫氰化铁颜色与浓度关系 醋酸电离 甲醇的合成	温度、浓度等条件的变化使平衡位置发生变化	改变条件干扰平衡时,平衡向对抗的方向移动	

续 表

事实	基本观念	核心概念	应用
碘化氢平衡实验结果	平衡体系中各相关物质存在一定的定量关系,这种定量关系与温度有关	平衡常数是反应限度的定量描述,利用 Q 与 K 的关系可以判断反应的状态	

(二)"化学平衡"的核心概念编排特色

1. 真实的情境引入概念,激发探究热情

化学概念的产生本身就是从感知具体的物质和现象开始,经过由表及里、由感性到理性的概括和抽象形成的。在德国化学教材中,有化学史实、化学现象、生活场景、自然现象、化学技术发展等真实具体、生动丰富的情境素材,如化学平衡的引入部分,提供了这样的情境素材:有原碳酸的矿泉水,高原训练,家务中的钙沉积,由氨制造的肥料和炸药,食品香料,工业炼铁,尿结石等。通过这些真实的、熟悉的生活场景,学生体验到化学平衡在生活生产中广泛存在。同时,以知识的重要性与实用性,让学生感觉到自己在认识上的不足,激发出学生求知的原动力:工业上怎样做到大规模合成氨?一氧化碳还原氧化铁,为什么不能进行到底?有什么办法更快、更少花费地完成反应?草酸钙什么情况下能结晶出来?学生的质疑意识一旦苏醒,他们必定会积极地寻找证据,在探索的过程中解决问题。

真实的情境素材,还体现在可逆反应的选择上。相对于我国教材中使用的二氧化硫的催化氧化、合成氨等典型可逆反应,德国教材利用氢燃烧成水—水蒸气被分解($2H_2 + O_2 \rightleftharpoons 2H_2O$),来分析可逆反应建立平衡的过程,选择在 $1\,900\,℃$ 时,96% 的原料起反应以及 4% 水蒸气分子分解,来说明平衡可从两个方向达成。平衡是在一定条件下建立的,可逆反应存在相反的物质变化和能量变化。即使我们认为基本趋于完全的反应,在一定条件下也具备可逆反应的特征。情境素材越是不受限制,越能体现出核心概念具有高度的概括性,提炼出的是超越事实的思考方式。

附录部分,典型的情境素材有:水垢的形成与处理方式,高山病、潜水病、血红蛋白和高铁血红蛋白、氰中毒的治疗等。不仅如此,教材的作业设置,也依托真实情境。如,双效催化法生产硫酸、氨的合成、合成气和转化等。注重真实情境的全程性和发展性,可为学生提供检验和运用科学知识的载体,引领学生开展学习过程,体验将科学运用于解决实际问题的乐趣,同时形成清晰的知识体系,获得对知识的更深层次的理解。

2. 图文并茂认识概念,促进多感官参与

德国教材的化学平衡内容,有着丰富的图片信息,尤其在模型表达和微观问题方面有着明显的优势。丰富的插图有利于调动学生的多感官参与学习活动,以感性思维促进理性思维的加工,促进核心概念的形成。统计如表1-3。

表1-3 德国教材图片统计

分类	数量	意义
肖像	2	史实教育
生活场景	9	激发兴趣
生产设备及工艺流程	5	简明
实验装置、现象	7	感性
数据分析	10	客观严谨
微观模拟	5	直观生动
科普	2	拓展视野

平衡建立的过程和平衡状态的动态性是化学平衡的核心概念之一,因为概念的抽象性,学生理解十分困难。平衡建立模型实验图(如图1-6,彩图见附录),用粗细玻璃管分别表示正、逆反应速率,模拟了瞬间速率的变化,直观地表达了从两个方向建立平衡的过程,为学生画出速率—时间图、浓度—时间图提供了直观的素材。随着反应物和生成物浓度的变化,正逆反应速率也在逐渐变化,二者差距逐渐缩小,当 $v_正 = v_逆$ 时,各物质的浓度都不再变化,达到平衡状态;如果继续加入反应物或生成物,$v_正 \neq v_逆$,平衡被打破,通过调整浓度再次达到 $v_正 = v_逆$,新平衡建立。用直观的模型图,以形象思维演示抽象的概念,这对我们的教学实践有着重要的指导意义。

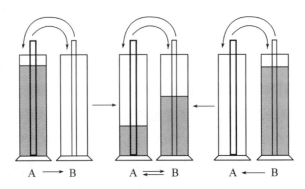

图1-6　平衡建立模型实验图

在氨的合成内容中,为了消除学生的理论分析与化工生产的认识差距,把陌生、复杂的生产场景以简明清晰的工艺流程方式加以展示(见图1-7,彩图见附录)。

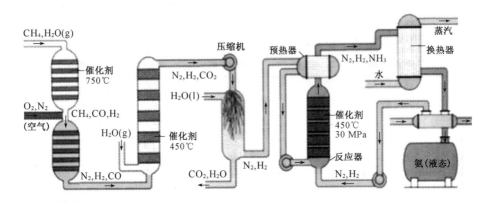

图1-7　氨的合成

氨的生成是一个放热反应,反应中粒子数减少。根据勒夏特列原理,反应在较低温度和较高压力下进行更有利。催化剂层之间连有热交换器,用以带走气体混合物在生成氨时释放出来的热能。合成在循环操作方式下进行:生成的氨不断用液化的方式从混合物中除去,没有反应的气体和新加进去的合成气一起重新通入反应器。分析反应特征,应用勒夏特列原理,结合生产实际,选择有利于反应转化与速率的合适条件。学科能力的发展目标,是在事实知识的学习中形成观念与方法,在实际应用中以有效的方式迁移。这同时也是核心概念的教学价值。

还有一个鲜明的例子,在描述氢燃烧成水—水蒸气被分解的反应时,为了突出反应对温度的选择,教材中用了特别的表示方法:

$$2H_2(g) + O_2(g) \rightleftharpoons 2H_2O(g) \qquad \Delta_r H_m^{\ominus} = -484 \text{ kJ} \cdot \text{mol}^{-1}$$

用不同长度的箭头,直观表示反应在低温和高温时的转化程度,2 000 K、2 700 K 时不同温度对平衡的影响。这突出表现了,温度决定了平衡的位置;温度变化时,平衡向"对抗"的方向移动。

3. 实验活动生成概念,形成科学方法

苏教版在相关内容中设计 5 个实验活动,而德国教材中,有 11 个实验活动,统计如表 1 - 4。

表 1 - 4 德国教材中化学平衡实验活动

教材内容	实验内容	实验意图	概念形成
可逆反应	碳酸钙和碳酸氢钙的生成	以事实为依托,建立可逆反应的概念	可逆反应在一定条件下都能达到反应限度;可用浓度变化和速率变化表征平衡建立的过程;平衡是动态的平衡,不是静态的平衡
	氯化铜溶液中的平衡		
	平衡 A $\rightleftharpoons$ B 的模型实验		
平衡的移动	铁离子与银离子的反应及其逆反应	研究浓度、压力、温度对平衡的影响	改变条件干扰平衡时,平衡向对抗的方向移动。对抗的结果是减弱改变
	压力对平衡的影响		
	碘—淀粉反应		
由实验数值到平衡常数	对平衡的研究	分析醋酸溶液的电导率,计算平衡常数	平衡常数可以定量描述各类化学平衡的限度。在一个具体的反应中,平衡常数与温度有关系
	酯化反应中平衡的建立	计算不同阶段各物质的浓度关系	
	溶解度平衡(3 个实验)	定量分析悬浊液中离子浓度关系	

从实验数量上看,苏教版教材与德国教材对实验的重视程度没有大的差异,从内容与形式上来看,苏教版教材多安排探究实验与方案设计,德国教材中,实验活动安排在每节内容之后,设计严谨,对实验步骤、材料与作业均有明

确要求,实验的目的就在于指导学生观察现象,进行思维加工,促进概念形成与同化,见以下案例。

亚铁离子与银离子的反应及其逆反应

材料:漏斗,滤纸,塑料注射器($5\ mL$),硝酸银溶液($0.1\ mol\cdot L^{-1}$,稀),硫酸亚铁($0.1\ mol\cdot L^{-1}$)在稀硫酸中的溶液,硝酸铁$Fe(NO_3)_3$在稀硫酸中配成的浓溶液,盐酸(稀)。

步骤:

正反应:

(1) 在试管中放置$5\ mL$硝酸银溶液,加入$5\ mL$硫酸亚铁溶液。将混合物放十分钟后立即过滤。

(2) 在滤液中滴入盐酸。

逆反应:

(1) 将滤纸上的银用水洗涤,直到滤液中不再能检验出银离子为止。

(2) 在银上加几毫升硝酸铁溶液。

(3) 将滴下来的溶液收集在干净试管中,加盐酸检验银离子。

作业:

(1) 写出反应方程式。在正反应中如果过早过滤有什么影响?

(2) 在正反应的滤液中溶入一些硫酸亚铁,提高Fe^{2+}的浓度,会有反应发生吗?

相比苏教版设计通过检测少量反应物的存在来定义可逆反应,德国教材通过浓度变化来控制反应的方向,揭示可逆反应存在的普遍性和影响平衡移动的因素。在思维要求上有明显不同,侧重对确定结果的验证、解释,培养学生的实证意识。提供具体实验材料、明确的实验步骤,体现了严谨求实的特点,对学生的实验设计和相应的实验作业的完成有明确的导向和示范作用。不要求实验方案的设计,思维训练主要体现在实验过程中和实验结束后的作业中,实验作业在知识延伸和思维拓展上存在明显优势。

4. 数据分析同化概念,调动逻辑数理智能

理解概念并培养学生的思维能力,就必须引导学生根据概念的关键特征

进行推论演绎。多元智能理论中逻辑、数理智能的培养,注重通过数理运算和逻辑推理的方式,发展学生的思维能力。平衡常数是从实践中得到的结论,在定量分析各类平衡的位置,确定各微粒浓度的关系时,具有高度的统摄性。但在实际教学中发现,学生仅对它的"常数"特征敏感,对它的价值仅仅理解为计算出结果,不能灵活运用在判断平衡位置的问题情境中。在由实验数值到平衡常数、盐类物质的溶解度平衡、氨的合成等内容中,德国教材使用大量的源于实验或生产实际中的数据分析(由表1-3看出,数据分析图片就有10种之多)。譬如:不同温度或不同起始用量的数值;酯化反应中平衡建立实验中各物质含量的变化计算;溶解度平衡的同离子效应计算等。如,$H_2(g) + I_2(g) \rightleftharpoons 2HI(g)$(见表1-5)。

表 1-5 HI 平衡的研究

T/K	$K_正$ /(L·mol^{-1}·min^{-1})	$K_逆$ /(L·mol^{-1}·min^{-1})	$\dfrac{K_正}{K_逆}$	K
629	3.02×10^{-4}	3.61×10^{-6}	83.6	66.6
661	1.69×10^{-3}	2.63×10^{-5}	64.3	55.8
721	1.67×10^{-2}	2.99×10^{-4}	55.8	50.0

学生感知到平衡常数来自于大量的实验数值,更具实证意义,突出表现了以平衡常数统领微粒浓度与平衡状态的位置判断的核心思想。同时,充分运用数学工具,引入 K_p(分压表示平衡常数)、pK_w(以十为基数的对数负值表示难溶盐的溶度积)、活度(考虑其他盐对溶解度的影响,用活度系数矫正溶度积)等研究方式,使定量分析更具实用性。在工具书的表中列入的常数为 pK_w 而不是 K_w,它是 K_w 以十为基数的对数负值。如,$K_w(AgCl) = 1.8 \times 10^{-10}$ mol^2·L^{-2}。

$$pK_w = -\lg\frac{1.8\times10^{-10} \text{ mol}^2 \cdot \text{L}^{-2}}{\text{mol}^2 \cdot \text{L}^{-2}} = 9.7$$

用 K_w 可以计算出饱和溶液的物质的量浓度,然后又可以换算成质量浓度 β。

$$K_w(PbSO_4) = c(Pb^{2+}) \cdot c(SO_4^{2-}) = 1.6 \times 10^{-8} \text{ mol}^2 \cdot \text{L}^{-2}$$

因为两种离子的浓度同样大小,在饱和溶液中:

$$c(\text{PbSO}_4) = c(\text{Pb}^{2+}) = \sqrt{K_w} = \sqrt{1.6 \times 10^{-8}\ \text{mol}^2 \cdot \text{L}^{-2}}$$

$$c(\text{PbSO}_4) = 1.3 \times 10^{-4}\ \text{mol} \cdot \text{L}^{-1}$$

硫酸铅的物质的量浓度乘以硫酸铅的摩尔质量($M = 303\ \text{g} \cdot \text{moL}^{-1}$),得到以质量浓度 β 表示的溶解度。

$$\beta(\text{PbSO}_4) = 0.039\ \text{g} \cdot \text{L}^{-1}$$

通过归纳推理,将溶度积和溶解度关联起来,理解二者在表述物质溶解能力方面的异同,由此得出结论:盐的溶解平衡可以定量地用溶度积 K_w 来描述,K_w 是由饱和溶液中离子浓度计算出来的。并没有限定难溶盐存在的溶解平衡,盐类只要达到饱和溶液,都存在溶解度平衡。根据离子浓度关系又回到"平衡常数是反应限度的定量描述,利用 Q 与 K 的关系可以判断反应的状态"的核心概念上来。同时,引入 pK_w 分析方法,对于过小的数值,经过对数处理得出便于比较分析的数据,与用 pH 描述溶液的酸碱性相一致。经过数理运算和逻辑推理,这种方法指导有利于发展学生数据处理和应用、数形结合的能力,对于思维能力的提高不言而喻。

5. 作业解答应用概念,促进系统理解

概念学习要遵循"应用至上"的原则,在应用中深化理解。苏教版教材,章节中只有思考与交流的问题,习题与作业设置在章节末,内容独立,题型有选择、填空与计算。德国教材中的作业设置更加灵活多样,除了章节末专门的练习,章节中在实验部分与概念提出之后都有针对性的作业,数量不等,形式多样。

从作业内容来看,相比我国教材设置的侧重概念辨析、知识理解为主的作业,德国教材提供大量的实践型作业,均指向生产生活中平衡类实际问题的解决,侧重理论指导下实践方案的优化组合或选择。如:冰面上的冰鞋效应,雾的形成与消失;平衡在自然界和工业中的重要性是什么?夏季长期炎热使海里和河里的鱼死亡,说明这一事实。从实验中认识到的平衡状态时各物质的关系在日常生活中有什么用处?学习了硫酸的合成路线之后,针对生产过程设计 10 个题目。在溶解度平衡的三个实验后,附有 1~3 个作业。在章末作业中分别对应五个内容设计作业:动态平衡、气相反应与勒夏特列原理、酯平衡、合成气与转化、氢氧化钙的溶解度;作业的内容有说出观察结果、计算、作图、写反应方程式、在日常生活中的用处、查阅资料等。

从解决方式来看,相比我国教材作业的直接应用概念分析、类比、推理等思维活动,德国教材中的实践型作业设置侧重信息技能的培养。如查阅稀硫酸回收利用的可能性;查阅氨的最重要的应用领域;查阅工业上如何由煤得到氮;查阅德国最重要的基本化学产品的年产量,并用图表表示;查阅碘—直链淀粉包合物;查阅反应中,为了取得尽可能高的转化率,工业生产中采取了哪些方法。资源应用的多元化,是学生独立学习的基本素质,不仅有利于培养学生证据素材使用的意识,也突出表现了教材以认识发展为取向的价值观念,与核心概念的呈现方式统一起来。二者对比,德国教材作业以针对性、实用性和系统性为特色,强调个体在解决实际问题的过程中,将知识和概念放在系统里理解,避免碎片化的事实知识的孤立记忆。

三、启示

对于化学学科而言,构建出学科核心概念发展体系是摆在课程专家与一线教师面前的迫切任务。教材设计要注意知识的深刻联系和系统性,同时注意开发学生的多元智能,保证学生全面发展。研究德国教材关于核心概念的编排特色,其真实的情境素材、丰富的图片资料、严谨的数理分析、目标明确的实验活动、灵活多样的作业设置,都凸显了基于核心概念的"为多元智能而教,通过多元智能而教"的教材意义。

教材和教学要通过问题与活动的设计激活学生原有知识,帮助学生建立事实、概念和核心概念间的联系。德国教材的优势对我国教材的改进或教学实践有着以下借鉴意义:运用类比模型展示、解析抽象概念,选择形象而生动的示意图都是注重学生心理、培养学习兴趣的切入点;内容选择要注意 STSE理念的渗透,利用化学工作及知识的社会意义培养学生强烈的社会责任感;实验设置要强化情境真实、联系生活,在培养学生的环保意识和安全意识、评价方式等方面多加关注;作业注意要结合实践设置,通过体现归纳类比、数据处理、演绎证明、反思与构建等思维过程的作业培养学生的理性思维。

第二章　内容选择

第一节　基于学科观念的中德初中化学教材内容比较
——以"物质分类及分离"为例

化学学科观念是以化学知识为载体而存在的，它的形成以对具体化学知识的深入理解为前提，同时化学学科观念又"具有超越事实的持久价值和迁移价值"，能促进学生在后续的学习中进一步深入理解化学知识。物质分类是研究物质的一种重要方式，也是重要的学习内容，其中体现了化学学科思想与基本观念，本节就"物质分类及分离"将德国莱茵兰-普法尔茨州的化学启蒙教材《今日化学ＳⅠ》(Chemie Heute-Sekundarbereich Ⅰ)与国内上教版义务教育教科书《化学》(以下简称国内教材)在内容设置及教材呈现方式上进行比较，分析教材如何彰显化学学科观念和思想，以期引发教师在教学实践中思考如何最优化开发教材资源，整合教材内容，充分发挥教材文本信息的作用。

一、教材内容设置的比较

在《义务教育化学课程标准》(2011 版)中有关物质分类与分离的相关知识，是分散在课程内容五个一级主题中的不同二级主题内容内，在主题二"身边的化学物质"中有：我们周围的空气、水与常见的溶液、金属与金属矿物质、生活中常见的化合物；主题三"物质构成的奥秘"中有：化学物质的多样性、认识化学元素；主题五"化学与社会发展"中有：化学与能源和资源的综合利用等。相应的学习要求是:区分纯净物和混合物、单质和化合物、有机化合物和无机化合物,知道无机化合物可以分成氧化物、酸、碱、盐,知道生铁和钢等重要合金,知道石油是由多种有机化合物组成的混合物,了解石油通过炼制可以得到液化气、汽油和煤油等产品,理解水对生命活动的重大意义,了解分类依据,初步建立物质分类概念系统。有关物质分离知识的相关要求是:初步学习使用过滤、蒸发的方法对混合物进行分离,了解吸附、沉降、过滤和蒸馏等净化水的常用方法,内容分别编排在第 1、2、3、5 及第 6 单元等。

德国的理科课程改革强调以学生为主体、突出科学探究、发展学生的科学素养,相当重视学生对科技在生活中的应用的认知,其教材的编写亦相应体现这一点,德国教材《今日化学 S I》有关物质分类与分离的知识主要集中在第 3 单元,其标题为混合和分离,另关于单质与化合物在第 5 单元"从矿石到金属"中作了介绍。对于溶液与合金内容没有国内教材这样详细,特别是溶液只在第 3 单元中提及水能溶解许多物质,海水、汽水和酒属于溶液,而对悬浊液与乳浊液稍作介绍,对于无机化合物与有机化合物,德国教材《今日化学 S I》并没有介绍。

二、教材内容呈现方式比较

有关混合物与纯净物的分类,国内教材是从宏观入手,在测定空气中氧气体积含量时,根据组成物质的种类多少将物质分为混合物与纯净物。而德国教材《今日化学 S I》是从日常生活中的物质说起,如牛奶、巧克力不是纯物质而是混合物,并从微观的角度说明纯物质是由单一的一种粒子构成的,如纯物质——糖。根据已建立的粒子模型,纯物质糖是由看不见的单一的糖粒子构成的,而纯物质铝则是由铝粒子构成的,并没有国内教材较为严格的定义。此外,它还介绍了均匀混合物与非均匀混合物,其中乳浊液、悬浊液、泡沫和气溶胶称为非均匀混合物,合金和溶液则属于均匀混合物。对于纯物质不是绝对的纯净,用数字说明分析纯氯化钠和超纯氯化钠中的杂质含量。对混合物的分类作了较为详细的说明,如气溶胶,修补牙齿的汞齐,氢气可溶解在金属钯、烟和雾中等,并且用丰富的图片从宏观与微观两个维度对固体和固体、固体和液体、液体和液体、气体和固体、气体和液体等不同的类型作了直观的呈现,一目了然,增强了学生体验,使得这些概念的学习不是停留在文本上,也不再是教师空洞的说教,少了些理性,多了些感性,避免了学生走入迷思的误区。

安排单质与化合物内容时,国内教材是在第 3 单元"物质构成的奥秘"学习了元素这一概念时根据组成物质的元素种类不同引入了单质与化合物,一并介绍了氧化物。德国教材《今日化学 SI》是在第 5 单元中从氧化汞受热分解产生汞和氧气,而汞和氧气不能继续分解引入介绍,这些不能进一步分解的纯物质称为单质,由不同单质结合生成的纯物质称为化合物,对元素并未作特别说明。

关于物质的分离,国内教材在第 2 单元第 3 节"水的净化"中主要介绍了过滤,拓展视野中引入"自来水是怎样生产出来的?";在第 9 单元第 3 节"保护水资源"中图示介绍了水的净化,显得有点零散;在第 6 单元安排一个学生实验——粗盐的初步提纯;在第 8 单元拓展介绍了从大豆中提取油脂,此部分内容安排显得有点游离。德国教材《今日化学 SI》较为详细地介绍了分离的方法——沉降、过滤、蒸发、蒸馏、萃取与色谱分离等,图文并茂,从制咖啡到海水制盐,从葡萄酒制白兰地到酒精提取植物中的色素,从兴奋剂的检测到用贝壳来检测水质等,紧密联系生产、生活与科技。另安排了 7 个学生实验,内容丰富,从定性到定量,从校内到校外,极大地调动学生求知的欲望与积极性,每个实验都附带了要求不低的作业,如在从岩盐到食盐实验中的作业有:(1) 记下你的观察结果。(2) 从混合物中分离出某一成分,利用的是哪一种性质? (3) 说明如何测定单一成分? (4) 说明得到的食盐的性质。

学习这部分内容,国内教材用了 10 个插图,而德国教材《今日化学 SI》使用了大量图片去丰富学生的视野,增强学生的感性认识,引用图片达 40 幅,特别对于从海水中获取饮用水,用图片介绍了三种方法:蒸发法、蒸馏法、渗透膜法。这部分内容的学习栏目,国内教材有观察与思考、拓展视野、活动与探究、学生实验、整理与归纳、本章作业,德国教材《今日化学 SI》有概要、附录、实验、检索、方法、基础知识、知识检验。特别值得一提的是,德国教材《今日化学 SI》在这部分内容学习中介绍了思路图与概念图,并对这两种方式作了图示说明:建立思路图从中心概念开始,用来收集各种思路或写成一个概要;思路图常常只是思路的收集,而概念图包含众多知识领域的布局,它是一种概念地图,其中描述了概念之间的关系,正如地图上描述了地方和途径一样。

三、感悟

德国著名物理学家、诺贝尔奖获得者马克斯·冯·劳厄(Max von Laue)曾经说过:"教育所给予人们的无非是当一切已学过的东西都忘记后所剩下来的东西。"对于化学学科而言,当学生将具体的化学事实性知识都忘掉的时候,在他的头脑中"剩下来的东西"应该是学生通过化学知识的学习所形成的从化学视角认识事物、解决问题的思想、方法和观点,即根植于学生头脑中的化学观念。

(一)结合化学本质,彰显学科核心观念

观念是深藏在知识背后的一种思想,是人类的认识智慧。化学学科观念不是具体的化学知识,而是以知识为载体通过化学学习让学生形成的对化学概括性的总识。只有让学生明了化学学科的核心知识,他们才能在知识的学习过程中逐步形成化学基本观念,并在这种基本观念指导下去进一步学习更多的化学知识。化学基本观念分为知识类观念、方法类观念和情意类观念 3 个维度,继而又分为元素观、微粒观、变化观、分类观和化学价值观等方面。国内教材在元素观与化学价值观方面体现较为突出,在引入单质与化合物时从物质的组成元素角度剖析两核心概念内涵的区别,并指出发生化学反应时组成物质元素种类不变;在讲授化学与资源——水的净化时,适度地体现了情意类基本观念。德国教材《今日化学ＳⅠ》第 3 单元从中心问题直指化学核心观念,通过混合物分为几类、依据什么标准、用什么工艺将混合物分离成个别物质、利用了它们的什么性质等问题,让学生知晓研究物质的重要方式是物质分类,依据组成、结构与性质进行,体现了分类的基本观念。在得出混合物与纯物质时,从宏观与微观两个层面加以说明,特别用 10 张微观图分析了非均匀混合物与均匀混合物的结构差异,透射出了微粒观的理念。德国教材《今日化学ＳⅠ》对情意类基本观念的体现更为突出,其中有一标题为水——昂贵的消费品,从自然界中水的循环,到检索形形色色的水,用实验测定水体中的含氧量,展示污水净化流程图,并用文字加以详细说明;让学生通过传感器检测水质、海水淡化、汽车上各材料的回收与利用等大量的图文资料来感受水的重要

性,增强节水意识,形成珍惜资源、爱护环境、合理使用化学物质的可持续发展观念,懂得化学不但可以改善环境,还可以创造环境。这是德国教材《今日化学 SⅠ》基于学科观念编写教材的一个很好的例证和诠释。

(二) 紧密联系实际,创设真实的学习情境

教材是教师教学的依据,更是学生学习的重要素材。德国教材《今日化学 SⅠ》将大量的生产工艺还原到课堂,引领学生走出课堂,走入化学的"现场",努力创设学习化学的场景,如海水淡化、废旧汽车回收利用、咖啡的制作、饮用水的制备等;将科技引入课堂,如色谱的应用、传感技术检验水质等。教材编写力促教师将课堂向四面八方打开,努力向课外延伸,使教学接轨社会、生产、生活与科技,教学不再是空中楼阁,而是更接地气了,实现课堂内外的无缝对接。教材安排的习题也别出心裁,如用粒子模型表示纯物质与混合物的区别,用图表说明混合物与纯物质、金属与非金属、化合物与单质的关系,叙述污水净化设备的运行方法,画图表示净化装置产生废料的去处,说明塑料分离工作原理,检索污水利用不当的后果等,这些习题充分体现了编者强调知识来源于生活以及学以致用的观念。

(三) 丰富呈现方式,强化多种感官体验

德国教材倡导教学与生活相联系,不是将生活中复杂的科学原理甚至综合性研究直接地、强制地、机械地植入学科教材中,而是置于影响教学活动的背景之中。德国教材充分利用数字、图片、表格(既有宏观的实物图,又有微观的粒子模型图,既有实验操作图,又有工艺流程图)极大地丰富了教材资源,调动了学生的学习兴趣。常言道:"百闻不如一见""一图胜过千言"。研究表明,人类获取的 80% 以上的外在世界的信息是通过视觉通道实现的。教材又通过大量的实验,如蒸馏红葡萄酒、研究可口可乐饮料、测定水中的含氧量等,让学生在做中学,增强学生的体验,实现了让学生的学习真正有意义地"发生"。国内教材遵循的是告诉—知道—了解—记忆,而德国教材《今日化学 SⅠ》遵循的是体验—感悟—意识—内化,不一样的理念,不一样的收获。此外,德国教材《今日化学 SⅠ》指导的思维导图,也是一种优异的大脑学习工具,借助这种工具,可以使知识理解的过程可视化,大幅度提升学生的学习品质和学习效

率,使学生的学习方式与能力都有极大的跃升。

四、建议

化学学科观念的形成既不可能是虚无缥缈的,也不可能是通过大量记忆化学知识自发形成的,它需要教师引导学生在积极主动的探究活动中,深刻理解和掌握有关的化学知识和核心概念,在对知识的理解、应用中不断概括、提炼而成。为此,我们要对教材资源科学整合、关注整体、把握本质,引领学生从本质上认识和理解所学知识。

教师要善于发现课程或教材中的学科观念体系,全面把握学科观念的基本内容,明确学科观念与学科知识的主要结合点,并且有的放矢地进行系统的教学设计,在引导学生理解化学核心概念和基本原理的基础上,帮助其逐步习得化学学科的有关基本观念。

第二节 中德化学启蒙教材中“化学反应”编写的比较

社会发展与化学息息相关,人类生产生活离不开化学反应。化学反应是化学研究的主要内容,也是教材编写的核心内容。本节将从内容体系、编写思路、实验设计等三个方面对德国莱茵兰-普法尔茨州的化学启蒙教材《今日化学SⅠ》(Chemie Heute-Sekundarbereich Ⅰ)与我国现行人教版、上教版、鲁教版初中化学教材中“化学反应”的编写进行比较,以期对该内容的教材编写形成深入思考和改进建议。

一、内容体系比较

教育部《义务教育化学课程标准》(2011版)提出,初中化学教材中有关化学反应的内容应包括化学反应的类型、化学反应中的能量变化、化学反应的表示方法和质量守恒定律等方面。由于涉及化学反应的内容较多,不同教材处理方法各有差异。笔者从质量关系、表示方法、有关计算、能量转变、化学发展史等五个方面对4种教材编写“化学反应”的内容进行整理比较,见表2-1。

表 2-1　4 种教材中"化学反应"的内容体系

内容／教材	化学反应中的质量关系	化学反应的表示方法	化学反应中的计算	化学反应中的能量转变	化学发展史
德国教材	设计在密闭容器中探究铜与氧气和火柴燃烧的两个实验，并比较反应前后物质的质量关系，得出质量守恒定律，从微观角度分析质量守恒定律的原理	通过铜与硫、铜与碳、铁与碳、碳酸铜加热分解、白色碳酸铜与水反应五个随堂实验现象的观察，从能量变化、生成新物质等方面分析化学反应的特征，得出化学反应的概念，通过化学反应文字表达式的书写和阅读方法掌握化学反应，直接讲述化学反应的表示方法、书写化学方程式的步骤和注意事项，另外还设计了泡腾片的溶解、制备起泡粉、煎饼的烤制、火柴的研究四个家庭实验	以铜与硫反应为例，根据化学式计算反应前后各物质的质量	以铜与硫和锌与硫反应为例，讲述化学反应中的能量转变和能量守恒规律，建立模型讲解化学反应的活化能，以过氧化氢分解为例讲述催化剂在化学反应中的作用，以化学反应的能级图讲解催化剂与活化能的关系	
上教版教材	设计在密闭容器中探究硫酸铜溶液与氢氧化钠溶液和石灰石与盐酸反应前后物质的质量关系的两个实验，得出质量守恒定律的概念，从微观角度分析质量守恒定律的原理	直接讲述化学反应的表示方法，书写化学方程式的原则、步骤和注意事项	举例说明利用化学方程式进行计算的步骤和方法		探究实验中穿插介绍波义耳和拉瓦锡定量研究化学反应和发现质量守恒定律的过程

续 表

内容 教材	化学反应中的 质量关系	化学反应的 表示方法	化学反应 中的计算	化学反应中 的能量转变	化学 发展史
人教版教材	设计在密闭容器中探究红磷燃烧反应和铁钉与硫酸铜溶液反应前后物质的质量关系的两个实验，以及探究在敞口容器中盐酸与碳酸钠粉末反应和镁条燃烧反应前后物质的质量关系的两个实验，得出质量守恒定律的概念，从微观角度分析质量守恒定律的原理	直接讲述化学反应的表示方法、化学方程式的阅读方法和化学方程式中各物质之间的质量关系的表示方法，以及书写化学方程式的原则、步骤、注意事项，配平化学方程式的方法	举例说明利用化学方程式进行计算的步骤和方法		简要介绍18世纪下半叶之后科学家们定量研究化学反应和质量守恒定律的发现与发展过程
鲁教版教材	通过讨论推测过氧化氢分解过程中物质的质量关系，并让学生根据提供的药品和器材设计实验，探究化学反应前后物质的质量有无变化，得出质量守恒定律，从微观角度阐述质量守恒定律的原理	通过分析化学反应的三种表示方法的优缺点，提出化学方程式的概念，归纳出书写化学方程式的步骤和注意事项，讲述书写化学方程式的原则，介绍用最小公倍数法配平化学方程式的方法	举例说明利用化学方程式进行计算的步骤和方法		简要介绍波义耳等三位化学家定量研究化学反应和发现质量守恒定律的过程

由表 2-1 可以看出，教材内容的广度不同。中德教材均从化学反应中的质量关系、表示方法、有关计算等方面讲述有关化学反应的基本知识。通过这些内容的学习，学生能够知道所有化学反应过程中都遵循质量守恒定律，学会化学反应方程式的书写要领和注意事项，掌握利用化学方程式进行简单计算的步骤和方法。德国教材还增加了化学反应过程中的能量转变和能量守恒规律，出现了活化能、能级图等内容，力求让学生更加全面地了解化学反应发生的过程，了解化学反应的本质。国内教材中化学能、热能、电能等能量转变的

内容分散在其他章节进行了简单的介绍。同时,国内教材还增加了化学发展史的介绍,这样不仅能加深学生对基础知识的理解和掌握,还能培养他们探究化学真理的意识,帮助他们树立探究化学奥秘的信心和决心。

教材内容的难度不同。国内教材主要突出了启蒙教材的基础性,选择的都是与化学反应关系密切的基本知识,难度相对较小,编排较为集中。而德国教材除了包含基本知识以外,还涉及有关活化能和能级图的内容,要求书写化学方程式时关注物质的聚集状态和反应过程的吸、放热。很显然,这些内容的学习对于刚接触化学反应的学生而言确实存在较大的困难。但德国教材善用类比、模型方法来帮助学生理解抽象的化学知识。以活化能为例,教材中的相关内容为:一个网球掉在屋顶边上收集雨水的槽里了,要使网球落在地面上,必须先将它提升,使其越过槽的边沿,这样网球到了一个能量高的状态,然后落到地上。放热反应也是这样进行的,先要输入启动反应所需的能量,使参与反应的物质处于活化状态,只有反应物粒子互相碰撞时,化学反应才能进行。

二、编写思路比较

教材是教师教学和学生学习的主要材料,是课程体系和课程实施的重要组成部分。不同的教材内容的组织方式不尽相同。图 2-1、图 2-2、图 2-3、图 2-4 分别为德国教材、上教版、人教版、鲁教版教材中有关"化学反应"的编写思路。

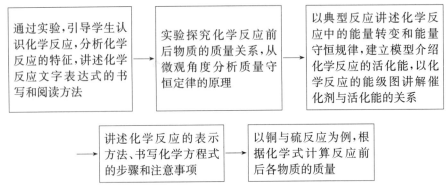

图 2-1　德国教材中"化学反应"的编写思路

| 根据科学探究的程序提出化学反应质量是否守恒的问题，引导学生进行猜想与假设 | 介绍波义耳和拉瓦锡定量研究化学反应和发现质量守恒定律的过程，实验探究反应前后物质的质量关系，得出质量守恒定律的概念，从微观角度分析质量守恒定律的原理 | 讲述化学反应的表示方法，书写化学方程式的原则、步骤和注意事项 | 举例说明利用化学方程式进行计算的步骤和方法 |

图 2 - 2　上教版教材中"化学反应"的编写思路

| 简要介绍拉瓦锡定量研究氧化汞的分解和合成反应，引发学生思考 | 实验探究密闭容器中反应前后物质的质量关系，得出质量守恒定律的概念 | 实验探究敞口容器中反应前后物质的质量关系，加深对质量守恒定律的理解，微观分析质量守恒定律的原理 | 简要介绍18世纪下半叶之后，科学家们定量研究质量守恒定律的发现与发展的过程 |

| 讲述化学反应的表示方法、化学方程式的阅读方法和化学方程式中各物质之间的质量关系的表示方法 | 讲述书写化学方程式的原则、步骤和注意事项，以及配平化学方程式的方法 | 举例说明利用化学方程式进行计算的步骤和方法 |

图 2 - 3　人教版教材中"化学反应"的编写思路

| 通过讨论推测过氧化氢分解过程中物质的质量关系，让学生根据提供的药品和器材设计实验，探究化学反应前后物质的质量有无变化，得出质量守恒定律的概念 | 从微观角度阐述质量守恒定律的原理，穿插介绍波义耳等三位化学家定量研究化学反应和发现质量守恒定律的过程 | 通过分析化学反应的三种表示方法的优、缺点，提出化学方程式的概念 |

| 讲述化学方程式中各物质之间的质量关系的表示方法 | 通过尝试书写几个化学反应的化学方程式，归纳出书写化学方程式的步骤和注意事项，讲述书写化学方程式的原则，重点介绍用最小公倍数法配平化学方程式的方法 | 举例说明利用化学方程式进行计算的步骤和方法 |

图 2 - 4　鲁教版教材中"化学反应"的编写思路

从 4 本教材章节的宏观结构来看有关"化学反应"的内容编排,可以发现国内教材中有关"化学反应"的内容都是安排在原子、分子、元素符号和化学式学习之后。德国教材中原子、分子、元素符号和化学式等内容则放在教材的较靠后章节(第 7 单元),"化学反应"主要出现在它们之前,而且有关"化学反应"的内容是分散编排,分阶段构建的。德国教材开篇即引入粒子模型思想,介绍物质及其性质,帮助学生建立微观思想,此时主要借助文字表达式讲述化学反应的质量关系、表示方法和能量转变等内容;在第 7 单元学习元素符号和化学式之后再介绍书写化学方程式的步骤和注意事项,以及有关计算,从微观角度分析质量守恒定律的原理。显然,这种宏观结构充分体现了"宏观描述—微观探讨—符号表述"的编写思路。

深入分析有关"化学反应"的章节,可以看到国内教材主要按照"化学反应"中的质量关系、表示方法、有关计算的顺序编写,有关化学发展史的内容穿插其中。而德国教材则按照化学反应的文字表达式、质量关系、能量转变、化学方程式、有关计算的顺序编写。可以说,我国教材中有关化学反应的学习内容关联较为清晰、简单;而德国教材中引入"能量转变"的相关内容之后,与"质量关系"共同构成了认识化学反应的两个方面,同时,"文字表述"—"本质认识"—"符号表述"的先后顺序也符合学生对化学反应从"现象"到"本质"的认识过程。

三、实验设计比较

实验是化学学科的重要特色,可以激发学生学习化学的兴趣。在有关化学反应的教材内容设计过程中,尤其应该关注实验,充分发挥实验的认识功能。中德 4 本教材中"化学反应"部分的实验设计特点鲜明。

实验活动的重视程度不同。通过实验活动的数量统计,可以看到,德国教材中涉及的实验活动达 13 个,而我国 3 本教材的实验活动分别仅为 4、5 和 4 个。显然,两个国家的教材在实验关注度上呈现了差异。

实验类型不同。德国教材除了随堂实验以外,还较为关注家庭实验,设计了泡腾片的溶解、制备起泡粉、煎饼的烤制、火柴的研究等 4 个家庭实验,这些实验取材容易,操作简单,既能巩固所学知识,又能增强化学与生活的联系,让学生形成我们身边处处皆有化学的观念,还能增强学生的生活技能,提高他们的生存能力。而国内教材中仅有随堂实验,表明我国的教材在实验设计上关注点仍主要在基础性和典型性上,很少考虑到实验活动的延伸和拓展。

思维要求不同。德国教材设计的实验均为对确定结果进行验证、解释的实验,每项实验都提供了具体的实验材料、明确的实验步骤和相应的实验作业,学生的思维训练主要体现在实验过程中和实验结束后两个阶段,没有要求学生进行实验方案的设计,但其实验作业的设计弥补了此类不足。实验作业除指导实验过程、复习巩固知识外,更有知识的延伸、思维的拓展。如:加热碳酸铜化合物的随堂实验。

材料:试管夹,煤气灯,碳酸铜化合物。

步骤:(1) 在试管中装入大约 2 cm 高的碳酸铜化合物。

(2) 用煤气灯的不发光火焰仔细加热试管。

作业:(1) 记下你的观察结果。

(2) 推测气态的反应产物是什么。

(3) 设计一个实验来证实你的猜想。

(4) 说明是不是有反应作用。

国内教材设计的实验既有验证性实验,也有探究性实验。探究性实验中,学生的思维训练主要体现在实验前和实验过程中两个阶段,然后教材中直接给出一些通过探究性实验得出的重要结论。如:为了得出质量守恒定律,上教版教材完全按照科学探究的程序设计实验,鲁教版教材要求学生根据提供的药品和器材设计实验。探究性实验的设计是新课标教材的重要特点,是新一轮课程改革的重要成果,我们期待国内教材设计出更多情境真实、过程科学的探究性实验。但是,在初中化学启蒙教学阶段,在学生仅有极少量学科知识的情况下,是否能设计出真正的跟实际生产、生活联系更加紧密的、开放性的探究实验? 探究性实验是否应当有多样化的结论? 是否能让学生在多种不同结论中继续深入发现问题、解决问题? 这些都需要在比较分析中,重新审慎思考和判断。

四、结论与思考

从"化学反应"编写的比较分析可以看出,中德化学启蒙教材在知识的广度和编排上有很大不同。国内教材初看似乎更加注重知识的基础性和简单关联,但相对弱化知识的完整性和深刻联系。在实验的设计方面,德国教材较为重视实验活动,关注家庭实验设计,能有效拓宽学生学习的时间和空间,实验作业的设计,能有效延伸学生实验的边界,引导学生把握问题的实质,激发学生的创新思维。我国教材实验活动相对较少,实验活动多为随堂实验,基本不涉及家庭实验,并且尝试出现了探究性实验。整体而言,在比较研究中,我们不仅看到了两地教材的共性,更多的是从差异中看到了可以反思和借鉴的方面,如:内容选择的基础性和完整性之间该如何平衡,内容编排得简单、清晰与呈现知识的本质关联之间该如何把握;实验活动设计在追求简单、易行的同时,是否能适当考虑扩大学生的活动空间;借鉴实验作业的设计思想,审慎把握探究实验的设计及教学等。

第三节　中德教材"金属与金属矿物"的内容设置比较研究

新课标下各种版本的化学教材在总体架构、内容选择、组织表达、呈现方式等方面有了很大的改变,《义务教育化学课程标准》(2011 版)认为:化学科学的发展为人类创造了巨大的物质财富,在教学中应密切联系生产、生活实际,引导学生初步认识化学与环境、化学与资源、化学与人类健康的关系,逐步树立科学发展观,领悟科学探究的方法,增强对自然和社会的责任感。在生产、生活及新材料应用中,金属及其合金占据了相当重要的地位。本节就"金属与金属矿物"这一章将德国莱茵兰-普法尔茨州的化学启蒙教材《今日化学 SⅠ》(Chemie Heute-Sekundarbereich Ⅰ)与国内的上教版义务教育教科书《化学》(2012 年版,以下简称国内教材)进行内容设置的比较。

一、国内教材"金属与金属矿物"的内容设置

《义务教育化学课程标准》(2011版)课程内容中有五个一级主题,其中"我们身边的化学物质"这一主题中设置了"金属与金属矿物"的专题学习,其学习标准是:了解金属的物理性质,认识常见金属的化学性质,了解防止金属腐蚀的简单方法;知道一些常见金属(铁、铝等)矿物;知道可用铁矿石炼铁;知道在金属中加入其他元素可以改变金属材料的性能,知道生铁和钢等重要合金;认识金属材料在生产、生活和社会发展中的重要作用;认识废弃金属对环境的影响和回收金属的重要性。

国内教材主要分为3个部分学习:第1节是金属的性质和利用,第2节是金属矿物与铁的冶炼,第3节是金属防护和废金属回收。具体内容见图2-5。

图2-5 国内教材的具体内容

(一) 金属与金属矿物知识内容的设置

本章是初中教材首次系统学习有关金属的化学知识,主要围绕金属的性质、冶炼、用途和金属的腐蚀与防护展开,简单介绍了合金、废金属的回收利用。教材强调从生产、生活中选取素材,创设学习情境,通过探究性学习帮助学生获取知识。

关于金属物理性质的学习内容较少,只在"交流与讨论"栏目让学生讨论得出,在"联想与启示"栏目中让学生回答:为什么铁制锅铲需要加上木柄或塑料柄? 一般情况下为什么不用银制造电线、电缆? 选择铸造硬币的金属材料需要考虑哪些因素,等等。对常见金属的化学性质内容学习比较系统,主要从镁条、铁片、铝片、铜片分别与氧气、稀盐酸或稀硫酸等反应入手,根据反应是否进行或反应的剧烈程度不同得出金属的活动性有差异。其中还着重学习了铁与硫酸铜溶液的反应。

关于合金的学习,仅介绍了常见铁合金——生铁与钢的组成、性能与应用,通过活动探究了保险丝与其组分金属的熔点差异,用表格列举了黄铜、青铜、硬铝、不锈钢、碳素钢等合金的特性和用途。关于金属冶炼着重介绍了铁的冶炼,从探究冶炼原理到了解工业高炉炼铁的主要设备、原料,并应用反应原理进行了简单的化学计算,还拓展介绍了金属冶炼的其他方法,如:电解法冶炼,用焦炭、氢气或一氧化碳还原法冶炼。但教材没有介绍如何炼钢。

金属锈蚀给人类带来了巨大的损失,为了减少损失,需要研究金属锈蚀的原因和防护方法,寻求废弃金属回收利用的途径。教材设计活动探究了钢铁锈蚀的原理,分析了金属防护方法,组织学生讨论交流,让其了解废弃金属对环境的污染,认识回收金属的重要性。

(二) 金属与金属矿物实验内容的设置

本章安排了学生实验、教师演示实验、家庭小实验等,主要内容是金属的化学性质、金属的冶炼、金属的锈蚀等。其中对金属与稀盐酸或稀硫酸反应产生氢气的实验作了联想与启示,通过前面气体制取原理的学习,迁移到氢气的制取,比较分析得出实验室常用锌粒与稀盐酸或稀硫酸来制取少量的氢气,并用排水法或向下排空气法来收集氢气。

教材演示了工业炼铁原理的实验,即一氧化碳与氧化铁的反应,对该实验的现象、注意事项、操作顺序、尾气处理等进行了分析、交流、讨论,还利用家庭小实验来探究铁生锈的原理及金属铁的防护方法。

二、德国教材"从矿石到金属"内容的设置

德国教材《今日化学》与国内教材中"金属与金属矿物"内容相匹配的标题是"从矿石到金属",内容介绍从历史上的铜器时代到铁器时代,许多意想不到的建筑成为可能,特别提到了1926年建成的柏林无线电发射塔。本章内容的开篇直接列出要解决的中心问题:哪些性质决定了金属和合金的用途?用哪些方法能从矿石中得到金属?在炼铁高炉内发生了哪些反应?

(一) "从矿石到金属"知识内容的设置

本章标题共分为10个部分:金属的性质、金属的重要性及应用、单质和化

合物、由金属氧化物获取金属、铝热法、还原反应、金属的炼制、由铁矿石炼粗铁、金属的回收利用、锈蚀付出的代价以百万计。对从金属的共性到常见金属的重要性和应用进行了介绍,如:光滑的金属平面能使光差不多完全反射,金属是热的良导体,大部分金属的熔点高,铝、铁、锌、钛、铜、镁的性质、制法及用途(主要从熔点、沸点、密度介绍了其物理性质,化学性质只说明了这些常见金属暴露在空气中的变化)。而金属与酸溶液、盐溶液等的反应没有出现在本章内容中。

由氧化银加热生成金属银的反应,引出金属氧化物到金属相关内容的学习,从宏观和微观两个维度介绍了氧化铜还原成铜的原理与微观模型,第一次表明氧化还原反应中还原、氧化反应同时进行,并对氧化剂与还原剂作了说明。详细介绍了铝热法的原理与实际的工业应用——钢轨的焊接。比较了不同金属的还原能力,并按照它们的还原能力的强弱排成氧化还原序列,得出非贵重金属能将贵重金属的氧化物还原,此外还用附录介绍了氧化还原反应中的能量转换,以及能量层次与金属在氧化还原序列中的位置关系。

重点介绍了从铁矿石到生铁的过程及原理,从工业炼铁的原料、反应的流程到设备的构造及各部位的反应,从不同种类钢的性能介绍到炼钢的原理。还介绍了金属的回收与利用,特别对于钢和铅的回收再利用作了较为详细的说明,甚至提到德国每年生产的约 35 万吨铅中,有一半是由废旧材料回收得到的再生铅。最后学习了金属的锈蚀原理及防护方法。

(二)“从矿石到金属”实验内容的设置

本章实验紧紧围绕学习的中心内容,在标题 2 中设置了铁和铁矿石的性质、铁与空气的氧化反应两个实验;在标题 6 中设置了三个实验,分别为氧化铜用碳还原,氧化铜用铁还原,用氧化铁、氧化铜、氧化锌、氧化镁与铁粉、锌粉和镁粉作试剂分别反应,通过实验排列出氧化还原序列;在标题 10 中安排了一个家庭实验:取 3 根铁钉,1 根涂有防锈漆,1 根涂了油蜡,1 根未经处理,把它们插在潮湿的药棉中,几天后,观察铁钉发生的变化。

(三)“从矿石到金属”概念学习的设置

《今日化学ＳⅠ》在“矿石到金属”的主干内容学习过程中,有机穿插了相关概念的学习,在氧化汞加热分解成汞和氧气的实验中引出概念——单质和化合物,并提出合成与分解;在学习金属氧化物到金属的内容时,引出了氧化还原反应以及氧化、还原、氧化剂和还原剂等概念,对贵重金属、非贵重金属和金属的氧化还原序列等进行了介绍。国内教材关于本章内容的概念只学习了置换反应,简单介绍了合金与金属氧化物的还原。

三、德国《今日化学》教材中"从矿石到金属"内容设置特点

(一) 标题直指核心知识,基本观念更清晰

"每一个知识上都镌刻着观念。"换句话说,知识是观念的载体,观念是深藏在知识背后的一种思想,是人类的认识智慧。只有让学生明了化学学科的核心知识,才能在学习知识的过程中逐步形成化学基本观念,同时在这种观念的指导下去进一步学习更多的化学知识。《今日化学 SI》的单元标题、节标题和内容标题直指化学学科的核心知识,让化学基本观念更清晰,可以让师生更加明确应该学习的对象是什么,需要解决的问题是什么。如在学习金属的重要性和应用时,介绍常见金属铝、铁、锌、钛、铜、镁时,分别在金属标题前加上包装用金属、实用金属、涂层金属、制作假牙的金属、传导性优良的金属、合金用金属等中心语,直指这些常见金属性质或用途的核心内容,增强了学生的感性认识,引导学生从不同的角度去了解这些金属,如标题 4"金属氧化物到金属——还原",直截了当地点出了本节的核心知识——如何从金属氧化物到金属:可以由氧化物加热或用另一个反应伙伴除去氧而得到金属。同时,逐步形成还原的观念,为后续从铁矿石到铁的学习打下基础。

(二) 内容呈现方式多元,教学情境更真实

教材是教师教学的工具,也是学生学习的资源和依据。《今日化学 SI》为学生的学习提供了大量的信息,通过图片、文字、表格、数字、实验、工业流程、附录及化学史等的呈现向学生展示化学学习的丰富与多彩。本章内容共选用了 38 张图片(国内教材只用了 14 张图片),图片中有的是实物展示,如常见金属的重要性和应用;有的是实验的再现,如氧化汞的加热;有的是工业流程的分解,如钢轨的焊接;有的是金属冶炼设备的剖析,如炼铁高炉内的反应

等。图片均为原生态的真实情境,没有抽象与虚拟,直接将生产、生活移植到课堂,而没有让学习游离于生产与生活实践之外,使学生的学习与生产、生活实际,特别是现实的工业炼铁与炼钢实现了无缝对接。内容呈现形式灵活,而又不失严谨性。《今日化学ＳⅠ》的学习是真实而有效的,并不是建立在一个假想的、虚幻的基础上,对于工业炼铁知识的学习,教材的处理并不是将反应原理从工业流程中剥离出来进行理想的模型学习,而是将真实的工业炼铁流程引入课堂,并对冶炼原理进行分析,使学生了解各功能区的反应及产品与炉渣的形成过程,有身临其境之感。

(三) 引导化学学习方法,彰显化学学科特质

作为教材,除了要提供显性的知识、信息以外,还应隐性地促进学习方式的形成。化学科学方法不仅是化学科学知识的重要内容,也是学习和掌握化学科学的有力手段和工具。《今日化学ＳⅠ》在本章的内容设置中,能引导学生学会学习化学的方法,除了以附录的形式向学生推介一些知识外,还要求学生利用文献进行检索学习,如:在互联网上检索欧洲运载火箭阿利雅固体燃料推进器的作用方式,搜集还原剂的种类及作用,调查卫生用品商店中哪些产品含有过氧化氢,调查埃菲尔铁塔上漆的人力和材料消耗等。在探究金属铁生锈的原理时,教材没有直接介绍研究方法,而是用"附录"引入英国博物学家约瑟夫·普利斯特利在 18 世纪做的实验,以此来迁移探究铁生锈的原理,并尝试得出正确的结论;利用金属与氧反应的能量变化得出氧化还原反应的能级图,并从能级图判断氧化还原反应能否进行等。教材还充分发挥了思想情感教育的媒介作用,通章没有空洞的说教,而是用生动的事例、翔实的数据让学生体悟个中的情感与思想教育:利用空气对生命的影响来进行人和自然的和谐教育,使学生明了保护动植物就是保护人类自己;通过金属材料的回收利用,来强化学生节约资源与环境保护的意识。教材中还列举了一座高炉的运用数据,不间断使用 10 年,冷水耗用量相当于一个有 35 万人口的城市一年全部用水量,用数字给学生一种无声的教育;此外,教材还加强对学生的化学史教育,如古埃及的青铜浇铸、从铜器时代到铁器时代、从金属的冶炼史可窥见化学科学发展史等,并对 1697 年哈勒城的医学教授斯泰尔提出的燃素说作了解释与批驳,使学生学到了一种质疑精神和科学态度。

(四) 习题设置富有理性,问题解决蕴藏思维

习题是学生学习反馈、巩固知识的重要载体,好的习题既能使学生对自我学习状态有个很好的判断,及时反馈学习效果,又能使学生从习题解答的过程中习得一种学科思维方法。《今日化学 SⅠ》本章的习题都是理性设置的,既符合学生的身心发展特点,又利于学生利用已有的知识、经验来解决实际问题,对学科内容的学习具有很好的切适性,大多数习题都属于说明、列举、解释等类型,要求层次相对较高。如:"用图表说明概念之间的关系:混合物、化合物、纯物质、单质、金属、非金属",此题能促进学生自主建构概念学习的方式、方法;"要将氧化锌还原成锌,有镁、铝和铁可供选择,说明哪一种金属更合适",学生要解答此题,必须从还原能力的强弱与实际操作的可行性等方面综合考量各种因素,才能得出合适的金属;"举几个例子说明人们是怎样有目的性地去改变金属的性质,为什么要改变,依据什么原理改变""说明为什么常常把高炉建在河边",等等,这些都是让学生参与生产实践而产生的现实问题,需要学生理性地思考与分析,结合所学的知识来解决实际问题,真正实现由课内走向课外,由封闭走向开放,由接受走向探究,体现学以致用的原则,在做中学,在学中做。

四、启示与建议

教材编写应注重将事实性知识丰富化。"化学事实性知识"是指反映物质的性质、存在、制法和用途等多方面内容的元素化合物知识以及化学与社会、生产和生活实际联系的知识。事实性知识是人类已有的化学认知经验。中学生的化学学习过程是对已有化学知识经验的再认知过程。建构主义认为知识是学生在一定的情景下获得的。化学与社会、生产和生活实际联系的知识可为学生的事实性知识提供很好的情景。德国教材在编排"从矿石到金属"内容时,紧密与生产实际相联系,丰富知识流程,拓展延伸视野,从学生的本位出发,将知识融于生活与生产实际,引导学生从真实的背景中,通过思考具体的问题,理解科学、技术与社会的相互联系,有利于学生情感、态度与价值观的全方位熏陶与形成,有利于学生学科素养的全面提高。

教材是教师教与学生学的材料,是教师开展教学活动的基本素材,但不是

教学内容的全部与唯一。新课标的理念提倡用教材教,而不是教教材,毕竟教材是物化的、静态的、文本的,而学生的思维是灵动的、鲜活的、开放的,所以就要求我们要灵活处理好教材,用好教材,科学开发好教材资源。德国教材中的大量图片是直观化呈现化学基本知识的方式之一,其中承载着隐性的化学核心思想、规律、方法和观念等,所以图片也是学生化学学习中不可忽视的重要资源。教材要引导学生在仔细观察图片中思考问题,从中诱发学生发现潜在的学习资源,提高学生从图片中提取、加工信息的能力,促进他们以多样化的学习方式来弥补认知水平、理解能力和思维能力的不足。

第四节 中德初中化学教材中"原子"编写的比较

原子是组成物质的基本微粒之一,是化学变化中的最小微粒,是掌握化学反应基本规律的一把钥匙。因此,各国化学启蒙教材都非常重视"原子"的编写,让学生能顺利地迈进神奇的微观世界。本节从内容体系、编写思路、呈现方式3个方面对德国莱茵兰-普法尔茨州的化学启蒙教材《今日化学 SⅠ》(Chemie Heute-Sekundarbereich Ⅰ)与我国目前使用的人教版、上教版、鲁教版3种主要初中化学教材中"原子"的编写进行比较。

一、内容体系比较

教材的内容体系在一定程度上决定了学生学习的深度和广度。经过对4种教材的比较发现,教材的编著者都试图让学生从质量、体积、形状、结构等角度对原子进行初步认识,并不失时机地介绍与原子有关的化学史知识。表2-2较为详细地列出了4种教材中有关原子的内容。

表 2-2　4 种教材有关原子的编写内容

内容 教材	原子结构	原子质量	原子体积	相对原子质量	原子形状	化学史
德国教材	阐述道尔顿原子模型的 4 个观点：原子是不能再分的粒子；不同元素的原子具有不同的质量；原子不能在化学反应中消灭或产生；化学反应中，原料中的原子以一定的数目和比例相互连接	以 1 个氢原子的质量作为原子质量单位 u，精确计算出 14 种原子的质量，通过数据让学生感受到原子质量很小	用文字表述比较铁原子与一粒沙子直径的大小，再以原子与网球、地球等比较，最后以 12 g 碳中所含碳原子数很多，让学生感受到原子体积很小	用吹风机吹落从漏斗中滚落的小球，实验模拟质谱法精确测定相对原子质量的原理	给出白炽灯中钨丝的扫描隧道显微镜计算机模拟图，让学生感受原子的形状	简单介绍道尔顿原子模型的提出时间和基本观点
上教版	原子由原子核和核外电子构成，原子核内含有质子和中子；用原子结构示意图表示原子核外电子排布	用一个铝、氟、钠原子的质量数据说明原子质量很小	用氢原子与直径为 1 cm 的小球比较和苹果与地球比较的图片展示原子的大小	直接给出相对原子质量的概念	展示借助扫描隧道显微镜技术在铜表面镶嵌 48 个铁原子和硅表面的原子图像，让学生直观了解原子形状	简单介绍人类对原子的认识过程、汤姆生发现电子和卢瑟福发现原子核的过程、原子核内部结构的发现过程、张青莲精确测定几种原子的相对原子质量
人教版	通过原子内部结构示意图、表格等形式说明原子由原子核和核外电子构成，原子核内含有质子和中子	用一个氢、氧原子的质量数据说明原子质量很小	用原子、乒乓球、地球三者的相对大小比较的图片展示原子的大小	直接给出相对原子质量的概念		简单介绍张青莲精确测定几种原子的相对原子质量

续　表

内容＼教材	原子结构	原子质量	原子体积	相对原子质量	原子形状	化学史
鲁教版	介绍汤姆生"葡萄干布丁"原子模型；简述原子由原子核和核外电子构成，原子核内含有质子和中子；用原子结构示意图表示原子核外电子排布；介绍原子的稳定结构和原子形成离子过程中电子的得失	用一个氧、铁原子的质量数据说明原子质量很小		通过文字表述、计算公式和直观图片帮助学生理解相对原子质量的概念		简单介绍科学家揭开原子内部结构和研究相对原子质量测定的历史过程

从表2-2可以看出，教材内容覆盖面不同。德国教材和上教版教材内容相对完整，能从质量、体积、形状、结构等角度全面介绍与原子有关的基本信息，让学生在头脑中形成对原子认识的全景图。而人教版缺少原子形状的内容，鲁教版缺少原子体积和原子形状的内容，这样学生对原子的认识会留下空白点，进而会对微粒概念的形成产生一定的影响。

教材内容侧重点也不同。德国教材侧重于原子质量和原子体积的内容，内容相对简单，但抓住了原子的两个最基本的外部特征：原子的质量很小，体积也很小。国内教材侧重于原子结构、相对原子质量和化学史的内容：原子内部结构内容多且比较详细，尤其是鲁教版花了很大篇幅介绍原子结构和核外电子排布；比较注重相对原子质量概念的学习，为以后化学计算的学习打下基础；化学史资料丰富，内容翔实，对于学生了解知识的形成过程和培养学生的探索精神很有帮助。我国《义务教育化学课程标准》（2011版）只要求学生知道原子是由原子核和核外电子构成的。尽管执行课程标准具有弹性，但国内部分教材踩点偏多，难度偏大，应试痕迹明显，加重了初学者的学习负担。

二、编写思路比较

每一种教材都有各自的编写思路，教材的编写思路将直接影响学生认知结构的构建和对学习内容的理解与掌握。图2-6、图2-7、图2-8、图2-9分别列出了德国教材和上教版、人教版、鲁教版教材中有关"原子"的编写思路。

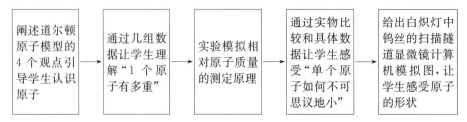

图2-6   德国教材中"原子"的编写思路

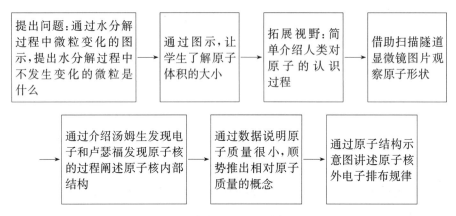

图2-7   上教版教材中"原子"的编写思路

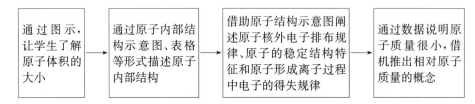

图2-8   人教版教材中"原子"的编写思路

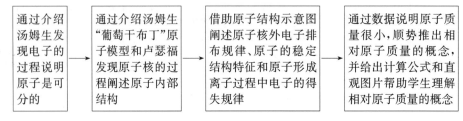

图2-9   鲁教版教材中"原子"的编写思路

从4种教材的编写思路看,认知起点不同。德国教材从道尔顿提出原子模型入手,通过对其 4 个观点的阐述,按照人类认识原子的起点引导学生认识原子,顺其自然。人教版和鲁教版都是从讲解原子内部结构开始,这是认识原子最难的内容,起点较高,不利于入门;上教版从原子大小开始,用氢原子与直径为 1 cm 的小球比较和苹果与地球比较的图片展示原子的大小,能激发学生认识原子的好奇心和继续学习的自信心。

编写顺序不同。德国教材是先整体介绍原子的特征,再从不同的角度展示原子的性质,总体思路是:先总后分,先粗后细。国内教材直接从不同的角度分别讲解原子的性质,让学生自己在归纳和总结过程中形成对原子的整体认识。

编排方式不同。德国教材将原子结构和原子质量编排在正文部分,将模拟相对原子质量测定原理的实验、原子体积、原子形状等编排在附录中,每一部分都按照主题独立编排。国内教材将原子结构、原子质量、相对原子质量、原子体积编排在正文部分,将原子形状和与原子有关的化学史以"拓展视野"或"交流与讨论"或"多识一点"等栏目穿插在正文之中,作为学生学习主体知识的重要补充,帮助学生理解主体知识,了解知识探索过程。

三、呈现方式比较

建构主义认为,学习者的知识是在一定情境下,通过意义的建构而获得的。学习情境的创设必须有利于学习者对所学内容的意义建构。教材中的文字、图片、实验等都是编著者为学生创设的学习情境,其呈现的方式和内容越贴近学生的生活实际,越贴近学生已有的学习状态,就越有利于学生的意义建构。我国《义务教育化学课程标准》(2011 版)在"教材编写建议"中指出:真实、生动、直观而又富于启迪性的学习情景,能够激发学生的学习兴趣,帮助学生更好地理解和应用化学知识。

从 4 种教材中文字表述的方式看,生动程度不同。德国教材文字表述贴近生活,生动形象,富有感染力和想象力。如为了让学生切身感受到 12 g 碳中所含的碳原子数目大得惊人,在德国教材中这样表述:

12 g 碳中原子的数目如果要一个一个地数,每秒钟数一个,这样一分钟数

60 个,一小时数 3 600 个,一整天(不睡觉)数 86 400 个,一年数 31 536 000 个,一辈子(80 年)大概数 2.5×10^9 个,全世界活着的 60 亿人一辈子来数可达到 1.55×10^{19} 个,还不到 6×10^{23} 的千分之一。要把 12 g 碳中所有的原子一个一个地数清,除了地球以外,还要另外 40 000 个每个有 60 亿人口的行星才行。

为了让学生感受原子质量很小,德国教材设计了这样一道习题:

为了整顿财政预算,每个德国人要付给财政部长一百万个金原子。(1) 计算财政部长一共收到多少克金子?(2) 每克金子值 14 欧元,这些金子的总价值一共是多少?

为了让学生了解原子的形状,德国教材在介绍扫描隧道显微镜计算机模拟图之前有这样一段表述:

"把原子给我看,我才相信那就是它。"每当著名物理学家马赫(Mach)的同事们试图说服他,让他相信所有的物质都是由原子组成的,他就对他们这样吼叫。20 世纪初期,许多自然科学家还在怀疑物质是否由原子构成。能有一张原子的照片使人信服才好!原子究竟能不能照出来?

像这样的文字,在德国教材中随处可见。国内教材的文字表述比较直白、简洁,学科性强,感染力不够,即使在讲述化学史时,也只是介绍事件发生的过程,而缺乏情感的渗透。

从教材中提供的图片看,数量和作用也有差异。图片比文字更加形象直观,在学生认识微观世界的过程中,图片有着文字无法替代的作用。因而,每一种教材都非常重视图片的使用,不同教材中编排的图片数量不等,德国教材有 8 幅,上教版有 13 幅,人教版有 3 幅,鲁教版有 8 幅。就图片的选择和编排合理性方面,德国教材不如国内教材,如在讲解原子内部结构和原子大小时,德国教材只有文字叙述,没有安排图片,这就增加了学生学习理解这部分知识的难度。而国内教材图文并茂,许多配图恰到好处,如人教版中原子的构成示意图,上教版中原子体积大小比较图,鲁教版中相对原子质量示意图等,图片精美,表达准确,有助于理解。就图片表达的准确性方面,德国教材略胜一筹,如关于由扫描隧道显微镜获得的图像的理解方面,中德教材表述不同,上教版教材认为所获得的图像就是用扫描隧道显微镜拍摄的原子图像,德国教材认为这样的图像不是真正的照片,而是用计算机记录、扫描信号后加工成的计算机模拟图。笔者经查阅相关资料了解到扫描隧道显微镜(STM)的工作原理是:将一个小小的电荷放置在探针上,让电流从探针流出,通过整个材料,当探针通过单个的原子时,流过探针的电流量会发生变化,这些变化会被计算机记录下来,并转换成图像信号显示出来,即得到了 STM 显微图像。由此可见,这些图像并非是原子的真正图像。

德国教材还非常重视实验设计,发挥实验的教学功能。对于怎样让微观世界宏观化、隐性事物显性化,德国教材做出了有益的尝试,值得我们学习和借鉴。例如,用吹风机吹落从漏斗中滚落的小球,实验模拟质谱法精确测定相对原子质量的原理。

四、结论与思考

教材是学生学习的主要依据,是学生获取知识的主要来源,在学生成长过程中发挥着重要作用。我国第八次课程改革提倡"一标多本",促进了教材的繁荣与发展。从中德化学启蒙教材中"原子"编排的比较分析中可以看出,中德教材,不分伯仲,各具特色,都能激发学生的学习兴趣,都能使学生的潜力尽可能得到发挥。但如果我们从教材的教育价值功能、教材对学生综合素质的形成以及教材对英才的培养等方面考虑,各种教材还有较大的改进空间。如果我们的教材语言更加生动,内容更加全面,起点更加合理,活动更加丰富,情境更加真实,表达更加科学,那么,我们的学生对"原子"的学习就会只是感到抽象而不会觉得枯燥,只是感到复杂而不会觉得难受,化学教材就会成为学生喜欢读的书,化学就会成为学生真正喜欢的学科。

第五节　德国初中化学教科书内容设置及其特色
——以"酸、碱、盐"知识为例

"酸、碱、盐"知识是义务教育化学课程内容中的重要部分,也是高中化学元素化合物知识学习的基础。其重要作用和价值主要体现在："通过知识的呈现，引导学生观察和探究一些身边常见的物质，帮助学生了解它们对人类生活的影响，体会科学进步对提高人类生活质量所作出的巨大贡献；增强学生对化学的好奇心和探究欲望，使学生初步认识物质的用途与性质之间的关系，帮助学生从化学角度认识和理解人与自然的关系，初步形成科学的物质观和合理利用物质的意识。"本节就"酸、碱、盐"这一重要知识板块，介绍德国莱茵兰-普法尔茨州的化学启蒙教材《今日化学ＳⅠ》(Chemie Heute-Sekundarbereich Ⅰ)(以下简称"德国教科书")内容设置及其特点，为我国教材更新和教师具体教学实践提供启示。

一、德国教科书内容设置简介

(一)"酸、碱、盐"主要知识内容

以酸、碱、盐内容为例，德国教科书通过提出中心问题，沿着解决问题的思维路线以及知识发生发展的顺序逐步展开：首先由酸、碱、盐的生活实例引入，然后通过相对应的探究或演示实验引入具体性质，同时穿插对酸碱反应微观本质的分析并介绍相应的酸碱理论，最后通过生活实验、科学调查、拓展探究等方式将学到的知识应用到实际生产生活中。这样的知识内容呈现方式，既符合学生的学习规律，也有利于化学知识体系的建构，还有利于提高学生的化学学科素养。德国教科书酸、碱、盐知识内容如表２-３所示。

表２-３　酸、碱、盐知识内容

序号	节标题	主要内容
1	日常生活和工业中的酸	引入：生活中的酸(食品、动植物) 介绍：工业中的酸(盐酸、硫酸、硝酸、磷酸) 分析：酸的应用
2	酸、酸性溶液和它们的反应	分析：酸的通性的产生 介绍：酸与金属及金属氧化物的反应；盐酸的制取和性质；硫酸的制取和性质；磷酸的制取和性质 摘要：食物中的醋酸和碳酸
3	从钠到氢氧化钠溶液	引入：钠与水的反应 内容：氢氧化钠的性质与用途

续　表

序号	节标题	主要内容
4	氢氧化钠溶液和碱性溶液	引入:碱性溶液中指示剂变色情况 分析:氢氧化钠的电离;石灰水的性质;氨水的性质 摘要:酸和碱的概念界定
5	迁移中的质子:酸碱反应	分析:酸碱质子理论(布朗斯特理论) 引入:酸和碱的通性 概要:质子转移
6	中和反应	分析:中和反应的表象;中和反应的实质 介绍:实验室和工业生产中的中和反应 检索:盐 概要:盐的生成和命名 实验:盐的生成
7	溶液的浓度	介绍:物质的量浓度 实验:中和滴定 练习:计算分析
8	pH——酸碱性的尺度	分析:pH与溶液酸碱度的关系;pH的计算方法 拓展:家务中的化学 实验:部分酸根离子的检验;滴定的精确度分析;食物中的酸含量测定

(二) 例析德国教科书知识体系建构形式

以"酸性溶液、碱性溶液和中性溶液"内容为例,德国教科书知识体系的建构形式主要有以下三种。

以"问题"引出内容主线,突出学习中的问题引领意识。

以 6 个问题作为开篇引领,鲜明地刻画出学习的脉络主线:(1)酸性、碱性和中性溶液有哪些性质? (2)日常生活中的酸性、碱性和中性溶液有哪些? (3)酸性和碱性溶液中的特殊粒子是什么? (4)中和反应的意义是什么? (5)pH说明了什么问题? (6)如何测定溶液的浓度?

强化实验探究,尊重反应事实,涉及化学理论面广、量大。

(1)硫酸的生成(配图略):硫酸是由三氧化硫与水反应得到的。硫燃烧时除了生成二氧化硫外也生成三氧化硫:

$$S + O_2 \longrightarrow SO_2$$
$$2S + 3O_2 \longrightarrow 2SO_3$$

把燃烧产物通入水中可得到酸性溶液,其中三氧化硫与水生成硫酸,二氧化硫与水生成亚硫酸:

$$SO_3 + H_2O \longrightarrow H_2SO_4(aq)$$
$$SO_2 + H_2O \longrightarrow H_2SO_3(aq)$$

(2) 氢氧化钠的生成:钠与水反应生成氢氧化钠和氢气。

① 叙述钠与水的反应,画图说明如何收集生成的气体。

② 说明怎样知道钠与水反应放出大量的热。

③ 把一小块钠放在潮湿的滤纸上,钠变成小球,生成的气体着火燃烧(配图略),这一观察结果说明了什么。

④ 说明一小片氢氧化钠为什么在空气中会潮解。

⑤ 检索如何扑灭钠着火引发的火灾。

重视化学反应微观本质分析,促进学生化学思维的形成。

(1) 中和反应的实质(所配的微观示意图略):在中和反应中,酸溶液中的氢离子和碱溶液中的氢氧根离子结合生成水分子[$H^+(aq) + OH^-(aq) \longrightarrow H_2O$],并生成中性的盐溶液。

(2) 化学反应中的质子转移(配有实验图片和微观示意图,略去):

$$HCl + H_2O \longrightarrow Cl^- + H_3O^+$$
$$NH_3 + H_2O \longrightarrow NH_4^+ + OH^-$$
$$NH_3 + HCl \longrightarrow NH_4^+ + Cl^-$$

二、德国教科书内容设置的特色研究

(一) 联系生活实际,范围广、知识新

信息时代的知识日新月异,学生学习的知识只有与他们的接触范围密切相关才能有效地引起知识的迁移。德国教科书的编写紧密联系现实生活:教材内容往往从学生的随身物品、自然现象、生活常识引入,再插入与生活相关的各种化学知识板块,包括实验、生活常识和知识索引,最后再回到我们学习

科学的基本目的——应用于生活和生产,解决人类自己的问题。例如,在介绍
"生活中的酸"时这样阐述:"人类在 5 000 年前就已经把醋作为调味品和防腐
剂,每千克的切片面包中最多只能有 2 g 的山梨酸。"学生平时并不会关注这
样的知识,但是若从课本中阅读到这样的内容,便会觉得很新奇,从而激发起
探究和学习的欲望。介绍过生活中的酸之后,就引入了酸的概念并分析了产
生酸性的本质,接着介绍 3 种重要的酸(盐酸、硫酸和磷酸)的生成及其性质和
用途,形成了完整的知识发展过程脉络,有利于学生化学思维的培养。同时,
更加注重介绍当代化学学科前沿知识和最新工艺,如:在"生活中的化学"栏目
中介绍了最新化学试剂的发明及生活中如何应用的实例;在"酸的滴定实验"
中介绍了磷酸在可乐中的应用;在"溶液的酸碱度"学习模块中,通过水族箱中
水质测定引入 pH 的概念。这样的科学前沿知识和新工艺介绍,既通俗易懂,
又联系实际生活,有效激发了学生的学习兴趣。在"日常生活中的酸"栏目中
引入的例子有酸奶中的乳酸、食醋中的醋酸、苹果中的苹果酸和酒石酸、食物
防腐剂中的山梨酸等多种类型。同时给出工业生产中各种酸(盐酸、硫酸、硝
酸、磷酸)的产量数据,通过盐酸、硫酸和磷酸的制造过程分析常见的酸的形
成,同时引入酸与金属、金属氧化物反应的性质,最后以实验分析了硫酸根、硝
酸根、磷酸根、碳酸根离子的检验,紧密联系生活和生产实际,提供了完整的知
识结构。德国教科书中还特别设置了"家务中的化学"专栏,让学生综合探究
"下水道清洗剂""卫生清洗剂"等家务中的酸和碱,通过中和滴定实验研究可
乐中磷酸含量的测定。这些知识都来源于学生的生活,能与日常生活紧密相
连,让学生带着科学的"眼光"来重新认识世界。

(二) 增加学生实验,析内涵,辨外延

在义务教育阶段化学教材中,酸、碱、盐的知识点相对较多,关系也较为复
杂,显得较为琐碎,内涵本质分析不到位,拓展外延又显得不够。德国教科书
在处理知识点时注意物质之间的联系,加强同类物质的比较和分析,既注重共
性归纳,也注重个性分析。如盐的部分就以氯化钠、碳酸氢钠、硫酸氢钠、硝酸
钠、硫酸钙、碳酸钙、磷酸二氢钙等盐为例,详细介绍了制取盐的 4 种方法(金
属与酸反应、金属氧化物与酸反应、碱与酸反应、盐与盐反应),加以概括和归
纳,并由此引入盐的常见化学性质。

　　酸、碱、盐知识是中学化学学习的重点,同时也是难点。酸、碱、盐之间的关系主要体现在物质可以相互转化、相互反应,其中的概念与具体知识紧密联系、彼此渗透,具有复杂而完整的知识网络体系。德国教科书中对于酸和碱的概念主要通过简述或示例归纳的方式进行揭示,通过大量的学生动手实验及对化学反应微观过程的深入分析,帮助学生主动形成概念,有效促进了化学知识体系的建构。德国教科书一共分析了以下 8 组概念,分别是:(1) 酸、酸性溶液;(2) 碱、碱性溶液;(3) 水合氢离子、氢氧根离子;(4) 硫酸、硝酸、磷酸、醋酸;(5) 中和反应和盐的生成;(6) 物质的量浓度;(7) 中和滴定;(8) 布朗斯特酸和布朗斯特碱。与国内教材中大部分概念都是直接用文字表述、对概念内涵和外延没有作出相应的阐释和辨析不同,德国教科书在实例或实验引入的基础上,再通过分析性实验对概念进行辨析,在实验中强调概念的理解、演绎和多次建构,并拓展至用化学概念和科学思维去分析生活中的现象和事物。

　　德国教科书更加注重发挥化学实验对于促进教学的多维度作用。在一章中共安排了 21 个学生课堂实验和大量的家庭实验,教师演示实验更是伴随着知识的呈现而随处可见,探究活动极大地丰富和拓展了学生实验的范围和内容,帮助学生更加直观有效地了解化学现象、掌握科学知识,更鲜明地体现化学作为一门"以实验为基础的科学"的风格。在"溶液的酸碱性"中就以酸、酸性溶液和它们的反应实验为例引入,然后重点阐述了酸性溶液的本质——酸电离形成带正电荷的氢离子(即质子 H^+)和带负电荷的酸根离子,氢离子在水溶液中生成水合氢离子 $H_3O^+(aq)$,酸的通性就是由它引起的。在"氢氧化钠和碱性溶液"中,以常见酸碱指示剂的变色情况(包括石蕊试剂、酚酞试剂和通用指示剂)实验引入。通过热带鱼缸中水质的检测实验引入 pH 的测定,并介绍 pH 数值的本质含义,从而帮助学生理解 pH 与溶液酸碱度之间的关系。在知识水平上注重实验的本质分析,通过实验了解结合化学反应微观分析,促使学生进一步理解化学反应的本质。

(三) 阐述化学事实,揭本质,强素养

　　原美国科学教师协会主席帕迪里亚认为:"从某种角度说,科学家就像侦探一样,把各种线索收集、拼凑起来,弄清事情的来龙去脉。"德国教科书在酸、

碱、盐的知识编排中,对于概念和化学反应本质的揭示尤为浓墨重彩,引入酸的概念时就通过酸的水解阐述了酸的本质特点是能够产生水合氢离子,并通过离子方程式介绍了酸分别与金属和金属氧化物的反应,系统给出了盐酸、硫酸、磷酸和碳酸的电离方程式和制取原理。在碱的概念引入时,也是通过钠与水的反应生成氢氧化钠、氢氧化钠在水中的电离情况分析得出碱的概念。而在酸、碱的通性分析及酸与碱的中和反应中,则从酸和碱概念的起源和发展过程出发,分别给出了两种不同的酸和碱的定义,让学生自主比较后,进一步明晰酸和碱的概念及其通性。通过图示方法更加直观地呈现了酸碱反应中微观粒子的转移和变化情况,从而使学生对于酸和碱的本质特征和能够发生的化学反应有了更加深刻的理解。对 pH 的介绍也不是笼统地一带而过,而是详细分析了 pH 数值的来源及计算方法,让学生能够更加全面地理解 pH 与溶液的酸碱性程度之间的关系。对于学科核心知识不惜笔墨,通过多维方式揭示知识的来龙去脉,如:碱的知识部分是从钠与水反应引入氢氧化钠的性质,然后从离子的角度分析酸碱反应,从而促使学生理解布朗斯特(J. N. Brosnted)关于酸和碱的理论阐述;并用图示的方式展示了酸碱反应中的质子转移情况,介绍了碱的工业应用以及中和热的概念,通过提供多种知识给学生去寻找理解,让学生在自我探索过程中发现知识,建构观念。

另外,德国教科书在编写方式和呈现方式上体现了提示学习方法的功能和促进学习个性化和个别化的功能。在整体单元内容中通过"方法"栏目介绍了实验误差的概念,让学生在中和滴定的实验中能够通过误差概念的理解培养严谨的科学态度和化学学科素养。同时,教科书内容结合了科技发展历程和科学概念发展史进行介绍,让学生对酸、碱的概念理解更加深刻,也更深入了解了科学发展的艰辛历程,培养了学生的科学素养和科学精神。例如讲解酸的概念时,既介绍了瑞典化学家阿仑尼乌斯的传统酸碱概念,又重点阐述了丹麦化学家布朗斯特最新的酸碱定义,通过化学理论螺旋上升发展的历史脉络,让学生能够感同身受地理解科学发展的不断进步以及在追求科学真理过程中的艰辛求索历程,这种在化学史实教学中注重培养学生科学人文精神的做法也是当下我国理科教育所追求的重要目标之一。

三、启示与建议

《义务教育化学课程标准》(2011版)明确指出：教材作为教师和学生在教学中的重要媒介和根据，在编写上要努力凸显特色，积极探索内容和呈现的多样化。所选择的学习素材应尽量与学生的生活事实、科学前沿、其他学科相联系，应有利于加深学生对所要学习内容的科学理解和全面科学素养的培养。教材内容的呈现要体现化学知识的整体性，体现重要的化学知识和方法的产生、发展和应用过程；应引导学生进行自主探索与合作交流，并关注对学生人文精神的培养；在内容的编写上要有利于调动教师的主动性和积极性，有利于教师进行创造性教学。同时，教师作为教学行为的关键引领者，应该可以通过不同教材的借鉴为学生的化学学习创造更加良好的条件：(1) 借鉴德国教材重视化学反应本质分析的特点，在教学中注意对学生理解化学反应、物质特征产生的本质加强引导，帮助学生更加深刻和广泛地理解化学知识，完善学生的化学知识体系；(2) 借鉴德国教材大量采用生活中事物的特点，在教学中更加注重知识与实际生活相结合，让化学知识从生活中来，到生活中去，真正做到学以致用，而不是仅仅学以致"考"；(3) 借鉴德国教材注重培养学生现代科学素养的特点，在教学中注意最新科技的使用、最新知识的介绍，同时结合化学发展史的学习，为全面发展学生的科学能力、提高学生的科学素养打下良好的基础。

第六节　中德化学启蒙教材有机内容比较

德国作为西方国家代表，其发达的中等教育体系和严谨的课程设计颇受好评。在德国，虽然各州的中学课程有一定差异，但其课程内容都是根据国家统一的课程标准(德称"教学大纲")制定的，化学启蒙课程一般被安排在ＳＩ学段(中等教育第一阶段，相当于我国的初中)，课程的基本目标和内容也大体相同。课时总量约150课时，其中有机化学部分约占18.7％。这比我国《九年义务教育全日制小学、初级中学课程计划(试行)》中规定化学五四学制132

课时、六三学制 96 课时要多一些,而有机化学部分占比大致相当(我国约占 17%)。

《今日化学ⅠⅠ》(Chemie Heute-Sekundarbereich Ⅰ)由德国出版巨头 Schroedel 出版发行,2001 年首版,2010 年第十修订版,是一套在德国使用范围较广,具有较好代表性的化学启蒙教材。本文将此教材与国内的 3 个版本的教材[上海教育出版社(以下简称"上教版")、人民教育出版社(以下简称"人教版")、山东教育出版社(以下简称"鲁教版")]从内容设置上进行比较,并在此基础上,提出德国教材给我们的启示,以期为我国的教材编写提供借鉴,也为一线教师的教学提供建议。

一、内容选取比较

《今日化学ⅠⅠ》中的有机内容主要分 2 章呈现:"第 15 章 简单的有机化合物——不只是产生能量的物质"和"第 16 章 醇"。其中,第 15 章包括以下内容:煤、石油和天然气的形成;石油和天然气的开采;有机物质——有机化学;甲烷——最简单的碳氢化合物;液化气——它是什么;烷烃——一个同系列;多样性——分枝和成环;命名——名字容易找到;范德华力与物质的性质;烷烃的反应;卤代烷;石油的加工——精炼、裂化;乙烯——一种烯烃;烯烃的反应;聚合——大分子的生成。第 16 章包括以下内容:乙醇——最有名的醇;烷醇——醇的同系列;物质的性质与分子结构;从油菜到生物柴油。这种课程内容的选取与编排遵循《今日化学ⅠⅠ》教材编写的 2 个理念:(1) 知识基础化,以此保证学生掌握扎实的基础知识;(2) 体系完整化,以此保证学生能从整体上把握化学学科。同时,在相关内容的水平要求上也比较高。例如,关于甲烷,国内教材仅要求学生掌握甲烷的存在以及可燃性,而《今日化学ⅠⅠ》除此以外还要求学生掌握甲烷分子式的定量测定、甲烷分子的立体结构等。

上教版主要在"第 8 章 食品中的有机化合物"中呈现有机化学的内容,涉及以下方面:有机化合物和无机化合物的概念,如何从组成上区分简单的有机化合物和无机化合物;什么是有机高分子化合物;什么是碳水化合物;淀粉、油脂、蛋白质和维生素是食物中的主要营养成分;淀粉、葡萄糖、油脂等物质的组成和性质特征;淀粉、葡萄糖、油脂等物质之间的相互转化关系和对生命活动的重要意义;蛋白质的组成元素和化学特性;蛋白质和维生素对生命活动的重要意义;科学、合理的食物摄取和食物烹制。另外,在"第9章 化学与社会发展"的"第1节 能源的综合利用"中从能源的角度介绍了煤、石油、天然气,在"第2节 新型材料的研制"中从材料的角度介绍了塑料、合成纤维、合成橡胶。

人教版主要在"第十二单元 化学与生活"中呈现有机内容,涉及以下方面:人体必需的基本营养素;人机体中蛋白质的功能;糖类、油脂、维生素等对人体的作用;中国居民平衡膳食宝塔;化学元素与人体健康;什么叫有机化合物;有机高分子的结构、性质(热塑性、热固性),以及塑料、合成纤维、合成橡胶等有机合成材料。另外,在"第七单元 燃料及其利用"的"课题2 燃料的合理利用与开发"中,简单介绍了甲烷的存在和可燃性。

鲁教版主要在"第十单元 化学与健康"中呈现有机内容,涉及以下方面:什么是有机化合物;糖类、油脂、蛋白质、维生素的作用;人体中各元素的含量,元素在人体内的平衡以及均衡膳食;蛋白质的性质;预防重金属盐、霉菌毒素、一氧化碳、毒品等的危害。另外,在"第十一单元 化学与社会发展"的"第2节 化学与材料研究"中涉及了塑料等合成材料。

由4套教材的内容选取可以看出,《今日化学SI》和国内教材都比较注重对有机化合物、有机化学等概念的基本认知过程,并在此基础上进一步学习有机化学的其他知识;都注重有机化学与生活、生产的紧密联系,包括与饮食的联系,与材料的联系等。国内教材简单介绍了糖类、油脂、蛋白质、维生素的相关知识,而把烷、烯、炔、醇、加成、取代、聚合等内容放到高中有机化学模块中,知识内容虽多,但难度要求较低,呈现出"浅而散"的倾向。《今日化学SI》有机化学部分涉及烷、烯、醇、有机化合物的结构与命名、聚合反应以及石油工业等内容,知识内容更多,知识体系也更为完整,这与德国的教学大纲以及课时总数是相适应的。

二、组织呈现比较

(一) 知识结构比较

由于《今日化学SI》与国内教材在有机化学内容选取与编排上的差异,4套教材在知识结构上也有所不同(见图2-10、图2-11、图2-12、图2-13)。

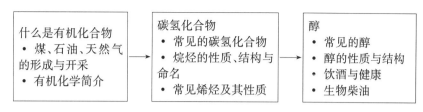

图 2 - 10　《今日化学 S Ⅰ》有机内容知识结构

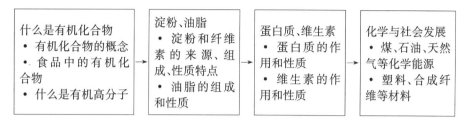

图 2 - 11　上教版有机内容知识结构

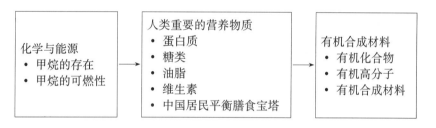

图 2 - 12　人教版有机内容知识结构

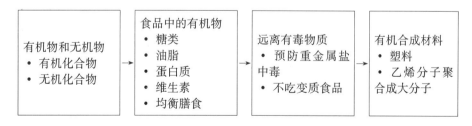

图 2 - 13　鲁教版有机内容知识结构

　　《今日化学 S Ⅰ》有机内容知识结构与我国高中化学选修《有机化学基础》更为接近。首先通过典型实例的分析,介绍有机化合物的概念、结构、命名、性质等;再以甲烷、乙烯、乙醇等典型代表物质为例,帮助学生了解烃、烯、醇的性质与应用,体现了有机化学学科内在的逻辑结构。这种平实的内容结构一方面符合学生思维发展的特征,有利于学生对有机化学体系有一个较为整体与系统的认识,另一方面,对于化学启蒙阶段的学生来说,这一要求广度大,难度高,属于学术性学科课程设计范式。

国内教材基本上是采取平行并列的结构,简单介绍糖类、油脂、蛋白质、维生素等相关知识,且只简单介绍这些物质在健康饮食方面的作用,并没有按"组成—结构—性质—变化"的学科内容特点进行系统介绍。虽然这些知识在有机化学学科体系中处于烷、烯、醇的下游,但它们与生活实际息息相关,这样的设计意义主要在于降低启蒙阶段的有机化学学科知识难度,但知识的结构化略显欠缺。

(二) 栏目设置比较

在栏目设置上,各套教材的栏目名称虽有较大差异,但主要功能有较多相似之处,具体见表 2-4。

表 2-4 4套教材栏目设置比较

序号	《今日化学》	上教版	人教版	鲁教版	主要功能
1	中心问题	本章导航	—	本章导航	在每章的开始部分罗列本章主要知识,帮助学生初步了解全章结构
2	项目	—	调查与研究	—	以课题为背景,学生以小组形式调查、研究、解决相关问题
3	—	交流讨论	思考与交流 学与问	交流共享	引导交流与专题相关的问题,加深理解
4	实验	观察与思考 活动与探究	科学探究 实验 实践活动	活动天地 实验探究	与专题相关的学生实验探究活动
5	化学—检索	你已经知道什么 联想与启示	—	—	推介可供检索与专题相关的图片、音频、视频等信息的网址,或引导思考与专题相关的已学内容、生活常识等
6	理论 附录	拓展视野	资料卡片 科学视野 科学史话 化学·技术·社会	多识一点	介绍与主题相关的知识,拓展学生视野,加深对专题的理解
7	知识的检验	练习与实践 本章作业	练一练 习题 练习与应用	挑战自我 单元练习	以习题、研究任务等形式检测所学知识
8	知识的来源	整理与归纳	应该知道 单元小结	长话短说	在章或节的末尾,以要点的形式帮助学生对章节内容进行整理归纳

"项目研究"是《今日化学 SI》特有的栏目,其主要功能是引导学生围绕某个主题进行多方位的实践研究,从而在认知上能够更深刻地理解该主题的相关知识,在方法上也是课题研究在化学学习中的实际应用。这个栏目在教材中出现的个数虽不多,但对学生研究意识与能力的培养起到很好的作用。在《今日化学 SI》的第 15、16 章,共有三个项目研究:生物气——甲烷、有机化合物中碳和氢的检验、醇的研究。其中"生物气——甲烷"是这样设计的:

甲烷菌分解有机物获得生存所需的能量,在这一过程中所产生的生物气,主要由甲烷(60%)和二氧化碳(约 35%)组成,此外,还含有氢气、氮气和其他碳氢化合物。在稻田的沼泽一样的地下也发生同样的过程而放出甲烷。在牛胃中甲烷菌能够消化纤维素。甲烷菌分解有机物质不需要氧气,甲烷发酵是无氧发酵。

(1)从暖水瓶出来的生物气

材料:(教材中详细列出了实验所需仪器、药品和材料,此处从略,下同)

步骤:(教材中详细列出了实验步骤以及装置图,此处从略,下同)

(2)生物气成分的分析

材料:(略)

步骤:(略)

提示:(教材中说明了实验中会影响实验成败的因素,并给出应对方法,此处从略)

(3)生物气是产生能量的物质

材料:(略)

步骤:(略)

作业:(略)

通过这个项目研究,一方面可以进一步帮助学生理解天然气的形成与开采,深化了"石油和天然气的开采"主题学习,另一方面促进学生对甲烷的存在、存储、成分、作用产生更加深入的认识。

国内教材比较注重对学生的互动学习方式的具体化要求,3 套国内教材都安排有"交流(讨论)"栏目。在这些栏目中,教材往往根据学科内容设置一系列具有启发性的问题,引导学生运用比较、分类、类比、分析、综合等方法进行以合作学习为主的学习,这与我国课程改革的六大转变目标相一致。

(三) 教材中实验活动的比较

实验是化学学习的重要手段与方法。4套教材都设置有实验类的栏目,有指向教师演示实验的,也有指向学生分组实验的,有指向课内实验的,也有指向课外实验的。但《今日化学 SⅠ》和国内教材在实验个数、实验任务上依然有不少区别,具体见表 2-5。

表 2-5   4套教材有机部分实验活动比较

教材版本	今日化学	上教版	人教版	鲁教版
实验内容	从暖水瓶中出来的生物气 生物气的分析 生物气是产生能量的物质 有机物的检验 可燃物中碳氢元素的检验 橡皮球和松脆面包的检验 烷烃的性质 不饱和碳氢化合物的性质 乙醇摩尔质量的测定 醇的溶解性 葡萄糖的发酵	用碘水检验淀粉 葡萄糖的检验 油脂的提取 蛋白质的盐析 蛋白质的变性 蛋白质的检验	聚乙烯的热塑性 比较不同材料的密封性	检验食品中的淀粉 蛋白质的变性
实验个数	11	6	2	2

在实验个数方面,《今日化学 SⅠ》安排的实验数量最多,这 11 个实验涉及物质性质(如烷烃的性质、不饱和烃的性质等)、物质成分分析(如生物气的分析、可燃物中碳氢元素的检验等)、简单的定量测定(如乙醇摩尔质量的测定)等,实验内容和类型涉及面较广。国内教材则主要围绕淀粉的检验、蛋白质的性质等知识展开,涉及面相对较窄。

学生在完成国内教材设计的检验淀粉实验时,主要是观察实验现象,这类实验属于观察型实验;向蛋白质溶液中滴加饱和 $(NH_4)_2SO_4$ 溶液使蛋白质盐析,将鸡蛋清加热(或向鸡蛋清中滴加浓硝酸、乙酸铅溶液等)使蛋白质变性,这类实验的作用是解释和分析蛋白质的性质,属于讨论型实验。而《今日化学 SⅠ》设置的实验,除了观察型、讨论型实验外,还有两类:一是数据处理型实验,这类实验要求用列表、计算等方法对测得的数据进行处理;二是复合型实验,这类实验任务要求更高,需要学生运用多种技能方可完成。且这四种类型中,复合型实验的个数最多。如在"物质的性质与分子结构"中安排的"醇的研究"就是一个复合型实验,它又包括三个小实验:乙醇摩尔质量的测定、醇的溶解度、葡萄糖的发酵。其中"乙醇摩尔质量的测定"属于定量测定并进行数据处理的实验;"醇的溶解度"通过乙醇、丙醇、正丁醇与水互溶来简单比较不同醇溶解性的差异,未要求定量,可以归为讨论型实验;"葡萄糖的发酵"是将葡萄糖和酵母密封存放使之发酵,属于观察型实验。像这样的复合型实验是由一个个小实验有机组合而成的,每个小实验简单而不失科学性,其突出地位与当今理科教育对于实验探究的推崇与强调相一致。

(四) 教材中作业设计的比较

作业在每套教材中都占有一定的篇幅,但在功能定位、作业形式等方面却不尽相同。从功能上讲,有些作业是对学生所学知识、方法、技能掌握情况的检测,有些作业是对学生学习活动的个性化延伸;从作业形式上讲,有些作业是需要学生口头或笔头表述、演算的,有些作业则要求学生必须组织或参加相关的活动才能完成。我们比较的 4 套教材也体现出了这些差异。

4 套教材都有对学生学习相关知识后掌握情况进行检测的作业,如《今日化学 SI》在"甲烷——最简单的碳氢化合物"中布置学生"书写甲烷燃烧的化学方程式",在"液化气——它是什么"中要求学生"叙述正丁烷和异丁烷的不同分子结构"等。国内教材中这类作业数量更是明显多于德国教材。

对教材内容进行延伸与拓展的作业也都有设计。《今日化学 SI》在石油和天然气的开采部分布置学生"在互联网检索下列话题:石油资源还能用多长时间? 哪些州在北海开采天然气? 将石油从海里开采出来会产生哪些环境问题?"。人教版布置学生"收集有关微量元素与人体健康关系的资料,并了解人体是如何摄取这些微量元素的"。鲁教版也布置学生讨论"当体力消耗过大或体弱多病时,应分别通过什么方式来补充能量"。这种类型的作业可以更好地拓展学生的化学学习,从时间上讲不再局限于课内,而是拓展到课外,从内容上讲不再局限于教材,而是拓展到社会、生活,从作用上讲不再局限于巩固与训练,而是拓展到学生感兴趣的方方面面。

在作业形式上,除了口头、笔头的表达以及演算类作业外,活动、实践类作业也频频出现。如:鲁教版让学生讨论不同情况下人体补充能量的方式,要求学生课前收集食品包装袋并阅读上面关于食品成分的说明等;人教版布置学生收集一些衣料的纤维,并取一部分做灼烧实验,以区别衣料纤维是棉纤维、羊毛纤维还是合成纤维(如涤纶、锦纶等)。《今日化学 SI》在"生物气的分析"实验后,布置了这样的作业:

向生产单位询问:

(1) 生物气生产装置的结构

(2) 生物气的用途

(3) 向生物气生产装置中加进去的物料种类

(4) 生产效率

(5) 余热的利用

这样的作业不是对教材所学知识掌握情况的检测,也没有标准答案,但有很强的实践性,学生在完成这些作业时必然要放下书本,与社会直接进行充分接触,把化学的学科思维渗透到实践活动中。学生完成这些作业的过程,不仅是寻求问题答案的过程,更是设计方案、走进社区、进行访谈、与人交往、动手实践的过程,学生获得的体验已经远远超出化学学科的范畴。像这样的作业,德国教材要比国内教材在数量上多得多。

同时,《今日化学 SI》还非常注重作业布置的即时性和思想性。常出现嵌入式的作业,即把作业紧紧跟随在相关内容的后面,一节教材多次布置作业,而不是像国内,作业全部集中在一节或一章教材的最后。在思想性方面,《今日化学 SI》教材也是做得恰到好处。例如在讲到乙醇时,有这样的作业:

(1) 一位女士(50 kg)一连喝了三大口(每口 0.02 L)酒,照上表(注:饮料中酒精含量比较表,本文从略)计算血液中酒精含量。

(2) ① 一位男士体重 70 kg,计算他理论上一小时内能喝多少啤酒而血液中酒精含量不会超过 0.5% 的界限。

② 为什么要强调理论上的结果?

(3) 事故发生后,检测到血液中酒精含量为 0.3‰,解释法律后果。

可以想象,经过这样的计算,学生对于酒精是不是人的享乐品就有了一个很直观的认识,同时也提高了学习兴趣,而不是像我们通常所做的那样:一次次的规则教育,讲授者口干舌燥,听者不当回事儿。类似的作业,《今日化学SI》还有很多,它不仅把化学学科的思想教育落到了实处,更重要的是学生在这种氛围的长期熏陶下,对一些事情的认识会更加科学,更加全面。

三、借鉴与启示

作为教育严谨派代表的德国,其《今日化学SI》教材对于有机化学知识的选择和阐述、内容的组织与编排虽然比较平实,但平实中抓住了学生的思维发展特征与兴趣点,又不丧失基本的科学性。德国的化学启蒙教材给我们带来了一些借鉴与启示。

(一) 强化实验设计

实验在化学课程中占有非常重要的地位。化学课程中的基本概念、定律和原理的导出以及对物质的变化及性质的认识等都是通过实验完成的,化学实验也是学生解决问题、形成能力和获得经验的主要手段。弱化或忽略了科学探究,尤其是实验探究的教学,一方面不可能使学生认识有机化学学科的本质,另一方面也过滤掉了过程和方法对学生发展的教育价值。知识的获得过程本身就是学科教学的一个重要组成部分。

在实验数量上,国内教材可以进一步增加,如在有机化合物概念形成阶段设计实验,帮助学生从组成、性质等角度认识有机化合物和无机化合物的区别等。在实验类型上,要设计观察型、讨论型、数据处理型、复合型等多种类型的实验,引导学生运用多种手段与方法认识化学。即使是任务层次较低的观察实验,也可以在观察前用“客观”“区分”等词语进一步引导实验观察的客观性;结合定性观察和定量观察,综合空间观察和时间观察,联系静态观察和动态观察,设计相异点观察和共同点观察等,以引导实验观察的全面性。

(二) 优化作业设计

作业作为教材的重要组成部分,与正文内容紧密相关、互相依存,既是正文内容的延伸,也是体现课程目标和教材编写意图的重要组成部分。《今日化学SⅠ》在作业设计方面,有许多值得我们借鉴的地方。第一,作业并非全部都集中呈现在一章或一节正文内容的后面,有些作业会采取与其他栏目相混排的方式。如:在有些比较复杂的实验中,一部分实验完成后就跟随1～2项与该部分实验紧密相关的作业,这样既能起到及时巩固的作用,还可以调整学生的学习节奏。第二,作业设计凸显科学理性,既符合学生的身心发展特点,又利于学生应用已有的知识、经验来解决实际问题,形成科学认识、科学方法及科学的生活态度。大多数习题都属于说明、列举、解释等类型,要求层次相对较高。如上文提到有关"酒精是不是人的享乐品"的作业设计,再如"为什么生物气可以节约原材料,避免环境污染""为什么生物气没有实现广泛生产"等。要完成这些作业,学生光学习教材上的内容是不够的,必须要结合生活实际,走进社区采访,了解社会现实,综合多方面的因素。

(三) 激发拓展学习

教材是学生学习化学的重要文本,而不是唯一文本;懂得、会用教材上呈现的知识也不是学习的最终目的,我们在点燃学生学习化学的欲望、指引学习方向、提升学习能力等方面还有许多事情要做。德国化学启蒙教材中以调查、咨询、检索、项目研究等多种形式引导学生走出课堂,走进社区、工厂,例如调查当地生物气的生产与使用情况,咨询石油分馏后得到的沥青还有怎样的用途,检索塑料的分类、性能、用途……提供大量这样的任务给学生,不仅拓展了化学学习的宽度、增加了化学学习的厚度,而且把化学直接与学生的生活等紧密联系在一起,学生在解决这些问题的过程中,必然又会产生新的问题,再去解决新的问题……如此循环,学生就在自觉与不自觉中养成了可持续学习的意识与能力。类似内容在人教版、鲁教版教材中虽也有体现,但数量十分有限,难以引导学生对相关问题进行持续深入的研究,也不易让学生自觉形成可持续学习的意识与能力,至于要学生立志于从事化学事业就更难了。

第七节　中德教材"有机化学"内容的比较研究

教材在实现从教育意图到课程,再由课程到课堂教学活动的过程中起着非常重要的作用。它是教师和学生进行教与学的工具,担负着将科学知识、科学方法、科学素养、科学精神等培养目标转化为具体教学内容的重任。它作为师生对话的"话题",是师生之间的文化中介。随着课程改革的深入,围绕新课程标准编写的教材所选择的内容要努力社会化、生活化、科学化,从而实现由知识本位向学生本位的转化,进一步贴近学生的学习心理,激发学生的认知兴趣,提高学生对知识和技能的理解水平和掌握程度。

本书将在中德中学化学课程理念比较的基础上,选取我国人教版高中化学教材必修 2 与德国莱茵兰-普法尔茨州的中学化学教材《今日化学 SⅠ》中的"有机化学"内容,从栏目设置和呈现方式(文字、图表)等方面进行深入细致的分析比较,从而为教材的编写提供启示,也为教师的教学提供参考。

一、课程理念比较

《普通高中化学课程标准(征求意见稿)》提出的化学课程基本理念是:以提高学生的科学素养为主旨;重视科学、技术与社会的相互联系;注重学科科学探究能力的培养,倡导多样化的学习方式,强化评价的诊断、激励与发展功能;重视学科间的联系,做到科学教育与人文教育的融合。

德国中学化学"课程纲要"的基本特点是:(1) 重视科学方法教育,课程中渗透着自然科学的一般思维方式和工作方法,以及化学学科特有的思维方式和方法,如用模型的方法、从微观角度说明物质的性质和化学反应的本质,从化学实验结果归纳出普遍性的规律,通过化学发展的历史说明人们制造新物质的过程和方法等,引导学生掌握有机化学的学习策略。(2) 重视与工业生产和日常生活的联系,化学课程的每一部分内容都尽可能地与工业生产和日常生活相联系,它几乎涉及所有的生产和生活领域,如塑料、颜料、药物、化妆品、食品、建筑等。(3) 渗透人文教育,体现以学生发展为本的人文精神,明确提出了化学工业生产在提高人类生活质量的同时也带来了一些负面影响,并对此进行了理性分析,认为通过提高化学学科的研究水平和进行人文教育,可以减少化学工业生产对人类产生的不利影响,帮助学生树立科学的价值观和STS 理念。(4) 突出化学实验的重要地位,充分体现化学学科的特色,通过化学实验实现化学基本概念和原理的导出以及对物质的变化和性质的认识等,以化学实验为主要手段帮助学生解决问题、形成能力和获得经验。（5）在化学分科课程中,重视在解决复杂问题时综合运用各学科的知识,强调培养学生跨学科的思维方式,以实现综合理科课程的目标。

可见,中德两国化学课程改革拥有相似的基本理念,都强调让学生掌握科学方法、提高科学素养,都突出了化学实验的重要地位。此外,德国中学化学课程注重在分科课程中实现综合课程的目标,反映了其一大特点。

二、教材栏目设置比较

教材栏目设置的多样性是当下课程改革的一大标志,力图体现以学生为中心的教学理念,为教师的教学提供丰富的资源,指引丰富的策略,以便更好地帮助学生学习和领悟相关内容。中德两套教材各自设置了多样化的栏目,"有机化学"部分出现的栏目及其频次如表2-6所示。

表2-6　中德教材有机化学部分栏目设置及频次

教材版本	栏目及频次									
人教版必修2 （10种栏目, 共呈现29次）	思考与交流	归纳与整理	资料卡片	科学探究	实验	实践活动	科学史话	科学视野	学与问	习题
	1	1	4	3	6	2	1	2	4	5
《今日化学SI》 （10种栏目, 共呈现76次）	中心问题	概要	要点提示框	作业	实验	附录	检索	基本知识	知识的检验	知识的来源
	2	2	16	28	15	3	4	2	2	2

两套教材的栏目设置按用途与形式的不同可归纳为:问题型、知识补充型、科学探究型和实验型四类。

（一）问题型

人教版必修2中的"思考与交流""学与问"等栏目和《今日化学SI》中的"中心问题""作业"等栏目都以设置问题的形式呈现课程内容,通过不断质疑和释疑的过程引导学生学会思考,建立问题意识。这类问题型栏目可以进一步分为两类。

主要的一类安排在每一章节的开端,出现在新课学习之前,充当"先行组织者"的角色,起到承上启下的作用。设置相关的问题情境,让学生回忆已学的知识,从而做好学习新课的准备;并且让学生形成认知冲突,树立学习目标,从而激发对陌生内容的兴趣,促进对要学知识的理解。例如,人教版必修 2 第三章第 2 节"苯"这部分内容开篇设置了"学与问":比较苯与烷烃、烯烃的结构式,分析苯分子中碳原子的成键特点,你认为苯可能有哪些化学性质? 如何设计实验证明你的推测? 又如,《今日化学 SⅠ》专题 15～16"简单的有机化合物"这部分内容开篇设置了"中心问题":有机物是什么? 生物气是由什么物质组成的? 碳氢化合物如何分类? 烷烃和烷醇的区别是什么? 醇是怎样制备的,有什么用途?

另外一类安排在每一章节的内部,穿插在新课学习之中,以不断的设疑来启发学生思考,引导学生运用所学知识解决问题,最终完成整个章节(新课)的学习。例如,人教版必修 2 在"烷烃"这部分内容之后设置了"思考与交流":参考 4 个碳原子相互结合的方式图,分析、归纳以碳为骨架的有机物种类繁多的原因。又如,《今日化学 SⅠ》在"烷醇沸点和溶解性"这部分内容之后设置了"作业":(1)把乙醇的沸点与乙烷相比或与丙烷相比,哪一个更合理? 理由是什么? (2)比较甲烷和甲醇与癸烷和癸醇的沸点,为什么两组化合物沸点之差大不相同? (3)在数值表上没有列出高级醇的沸点,是什么原因? (4)将 100 mL 乙醇与 100 mL 水混合,所得溶液的总容积是 196 mL。说明其原因。(5)说明为什么烷基是疏水的,而羟基是亲水的。(6)研究甲醇和 1-庚醇溶解度时发现:甲醇能与水混溶而 1-庚醇却不溶于水,1-庚醇能与庚烷混溶而甲醇却不溶于庚烷。用有关物质的结构来说明这些现象。(7)在 1-庚醇分子与水分子之间也有氢键生成,为什么两种液体却不能混溶?

(二) 知识补充型

这类栏目的形式多种多样,主要有"资料卡片""检索"等。这类栏目可以呈现其他学科的知识内容,使学生了解化学与其他学科的联系;可以呈现化学中非本质性的知识内容,让学生扩展视野;可以作为资料检索的途径,方便学生查阅与某知识点相关的内容;更为重要的是,可以补充教材正文中难以呈现而学生必须掌握的知识内容,防止学生在学习的过程中产生知识断层。这类栏目在教材中起到穿针引线的作用,能够让学生随时获取与所学内容相关的外围知识,从而减少由知识储备不足带来的学习困扰,提升对所学知识内容在整个科学体系中位置的认识。

　　比较而言,我国教材中的"资料卡片"相当于德国教材中的"检索",但是我国教材是直接给出信息,德国教材是让学生查阅文献。可以看出,德国教材的做法可以培养学生查阅文献的能力,更加值得借鉴。

(三) 科学探究型和实验型

　　这两类栏目一般都以化学实验为基础,安排适当的研究性课题,引导学生通过完成栏目要求,理解化学知识的基本内涵,了解化学研究的基本过程,掌握化学研究的基本方法,建立化学学习的基本思维,形成化学学科的基本素养。这两类栏目或以空白表格的形式要求学生亲自完成实验的设计、操作、评价等,或以探究任务的形式要求学生根据自身的实际情况选择课题,使用图书馆、互联网等多种资源解决问题、得出结论,并与同学相互交流。这两类栏目淡化了教材的学术性和权威性,增强了内容的探究性和实证性,凸显了对学生创新意识和实践能力的培养。

　　我国教材在编写过程中有意识地加大了以化学实验为主的科学探究活动的分量,并且采取实验、调研、资料检索、小组讨论等多种形式,帮助学生体验科学探究的过程,强化科学探究的意识。德国教材在编写过程中同样重视设置实验探究型栏目,并且既包含了实验提示、实验材料、实验步骤等内容,又包括了实验课题讨论、实验仪器简介等内容,有的还包括了习题和作业等内容,使学生不是仅仅完成一个关于物质性质的实验,而是通过这一过程提高多方面的能力。比较而言,我国教材对于实验探究的体现手法还是比较单一的,更多的是让学生了解实验现象,掌握某一物质的化学性质,而对于实验背后蕴涵的科学观和方法论没有能够很好地体现。

　　总之,两套教材设计的栏目种类差不多,但是,人教版必修 2 中栏目出现的频次较少,分布比较平均,且功能重复较多,插入正文过于频繁,导致遮蔽了正文的内容,割裂了正文的整体性,影响了正文的连贯性,使教材阅读起来跳跃性过强,容易分散学生的注意力;《今日化学 SI 》中栏目出现的频次较多,分布非常集中,且在功能区分和插入位置上符合学生的认知发展水平,尤其实验探究型栏目突出了知识内容的内在逻辑,凸显了化学研究的基本方法。

三、教材呈现方式比较

教材呈现方式的多样性也是当下课程改革的一大标志,力图改变单纯地依靠文字叙述学科知识(少量利用图表表现实验过程)的传统模式,引入更加丰富生动的图片,让内容的呈现更加贴近学生的学习心理和生活实际,从而有利于学生的意义建构。

(一) 文字表述方式

从文字表述方式上看,两套教材中生动程度不同。德国教材的文字表述贴近生活,生动形象,富有感染力和想象力。

例如,为了让学生认识到甲烷不只是产出能量的物质,《今日化学SI》中这样表述:

生物气的主要成分是甲烷,一种碳氢化合物。这些生物气在汽轮机中燃烧,通过一个发电机把化学能转变为电能。

专家估计:全世界每年由腐烂过程产生的约8亿吨甲烷都排放到空气中去了。沼泽一样的稻田中也有大量甲烷进入空气中。

牛也是一种"生物气装置"。牛胃中的甲烷菌有助于纤维素的消化。一头牛每天约向大气排放200升甲烷。

虽然甲烷不过是大气的很小一部分,作为温室气体却有重要作用。世界上牛的存活量增加,不但产生了太多的厩肥和垃圾,也加剧了温室效应。

又如,为了让学生认识到有机物质就是碳化物,《今日化学SI》中这样表述:

早餐中烤焦了的切片面包、烧烤聚会上焦黑的小香肠都是令人不快的倒霉事。但这无意之中却进行了一次重要的化学检验:面包和肉在高温下分解,剩下了不能食用的像碳一样的东西。焦化是许多由碳组成的化合物的典型性质。这些化合物统称为有机物质。

像这样的文字,在《今日化学SI》中随处可见。而人教版必修2的文字表述则比较直白、简洁,学科性强,感染力不够——即使在讲述化学史时,也只是介绍事件发生的过程,而缺乏情感的渗透。

(二) 图表表述方式

根据信息加工理论,对于不同的信号形式,人类获得信息所需的时间是不同的,"用语言或文字描述使人识别"的信号所需时间为 2.8 秒,而"直接看实物"获得信号的时间仅需要 0.7 秒,看照片和图像的信号所需的时间介乎两者之间。可见,图表比文字更容易被大脑接受。因此,在编写教材时,考虑到学生接受信息的心理特点,合理运用直观简洁的图表,表达文字难以表达的内容,综合呈现化学知识,不仅能够激发学生的学习兴趣,而且能够提高学生的阅读速度,使得学生调动多种感知器官协调参与学习活动,培养学生的形象思维、空间想象能力。当然,在添加图表时,应该考虑到为学生获取信息、理解知识服务,过多、过繁的图表容易使学生在阅读教材时,将注意力投注在图表和无关的信息内容上,而忽略文字和主要的知识结构,以致本末倒置,影响有效信息的获取和重要知识的理解。

首先,中德两套教材均设置了多种类型的图片,"有机化学"部分出现的图片类型及其频次如表 2-7 所示。可见,我国教材中图片的数量虽然相比于之前有了一定程度的增加,但是相比于德国教材,还是不够丰富、广泛。

表 2-7　中德教材中插图统计

图片类型 教材版本	原理、模型、微观过程	实验现象、仪器	各类谱图	生产生活	人物肖像	图片总数
德国教材	28	16	4	28	1	77
国内教材	8	7	1	4	1	21

有机化合物的结构大多数比较复杂。对此,抽象的文字常常使得学生难以理解,而直观的图片则可以帮助学生克服认知障碍。因此,《今日化学SⅠ》中关于原理、模型、微观过程的图片数量更多,正是基于有机化学的这一特点。例如,解释乙醇与丙烷在室温下状态不同的原因在于分子中键的状态时,《今日化学SⅠ》呈现了乙醇分子的球棍模型,如图 2-14。

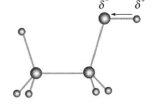

图 2-14　乙醇分子球棍模型

反映实验现象及操作、实验仪器及使用、实验装置及连接的图片有助于学生理解实验,认识仪器和装置,方便学生日后回忆与复习。《今日化学ＳⅠ》中关于实验的图片数量较多,且更加偏重于实验操作、仪器使用、装置连接的规范与指导,这凸显了化学核心思想、基本方法的教育。例如,《今日化学ＳⅠ》图文并茂地呈现了这样的实验栏目:

小橡皮球(如图 2-15,彩图见附录)和松脆面包片的检验。

材料:煤气灯,烧杯,大试管,导气管,钻孔塞,石灰水,无水硫酸铜,氧化铜粉末。

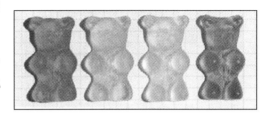

图 2-15 小橡皮球

步骤:

(1) 在干试管中加入一个小橡皮球和 4 勺氧化铜。

(2) 照图 2-16(彩图见附录)安装仪器。

(3) 将试管斜放着夹紧,在试管上部加入少量无水硫酸铜。

(4) 用煤气灯强热混合物。

(5) 用撕碎的松脆面包片重复以上实验。

提示:

(1) 记下你的观察结果。

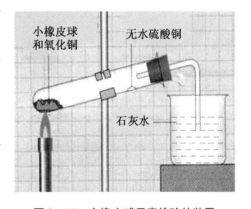

图 2-16 小橡皮球元素检验的装置

(2) 小橡皮球和松脆面包片中含有哪些元素?

(3) 说明氧化铜的作用。

(4) 说明步骤中的安全措施。

(5) 可以用氯化钴试纸代替无水硫酸铜。检索氯化钴如何与产物起反应。

与人类生活、生产密切相关的图片,可以使得化学学习不是那么枯燥,激发学生学习化学的兴趣,也可以展现化学的基本特点和发展趋势,以及化学对于推动人类社会发展和科学进步的重要作用,帮助学生形成人文素养。《今日化学ＳⅠ》中加入了大量与人类生活、生产密切相关的图片，其中包括反映化工生产流程、常见化学材料、最新科研成果等的图片。例如，《今日化学ＳⅠ》呈现了关于硬塑料、特殊塑料、现代医学中的塑料的图片，如图2-17（彩图见附录）、图2-18（彩图见附录）、图2-19（彩图见附录）。

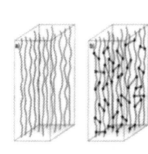  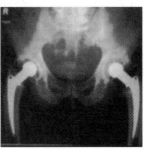

图2-17　硬塑料　　　图2-18　特殊塑料　　图2-19　现代医学中的塑料

特别值得一提的是，《今日化学ＳⅠ》中的图片与相应的知识点或栏目结合得很好，具有明确的目的性：生活型图片多出现在新授知识之前，能激发学生学习的兴趣；实验型图片多出现在介绍物质性质的实验中，能帮助学生认识实验中使用的仪器、装置及实验的过程；结构模型图则配合讲解有机化合物的空间结构，提供有机分子的空间构型，降低学生学习的难度。《今日化学ＳⅠ》中的图片大多为原生态的真实情境（如图2-20，彩见图附录），而没有抽象和虚拟，即将生产、生活移植到教材中，而没有让教材游离于生产、生活之外，这使得学生有身临其境之感。这些都是值得借鉴的。

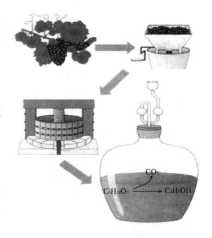

图2-20　由葡萄糖发酵制造乙醇

其次，人教版必修2的"有机化学"部分加入了表格来协助完成教学，而《今日化学ＳⅠ》的"有机化学"部分却没有见到表格。人教版必修2中的表格主要可以分为数据或知识归纳型表格，需要学生自己填写实验记录或现象、进行探究活动设计等的程序型表格，针对每一章节知识进行归纳总结的概括型表格。这些表格充实了教材的表现形式,也使学生能够通过完成表格的过程及时复习所学知识,理清知识重点,建立知识结构。这是我国教材优于德国教材的地方。

四、结论与思考

从中德中学化学教材"有机化学"内容编排的比较分析中可以看出,二者各具特色,都能激发学生的学习兴趣,使学生的潜力得到尽可能的发挥。而相比之下,我国教材需要精简栏目种类,避免栏目过于琐碎地插入正文,还要让语言更加生动,图片更加丰富,过程更加凸显,视野更加开阔,起点更加合理,情境更加真实;德国教材更加从学生的本位出发,将知识融于生活、生产实际,丰富认知过程,拓展认知视野,凸显了探究性和趣味性,引导学生在真实的情境中思考具体的问题,从而建构知识的意义,理解科学、技术与社会的相互联系,有利于学生情感、态度与价值观的全面熏陶,有利于学生学科素养的全面提高。

第八节　德国中学化学教材"电化学"内容的设置及启示
——以《今日化学 SⅡ》"电化学"内容设置为例

一、问题提出

高中电化学内容具有较强的理论性,有关原电池中反应的原理、电极的判断、电极方程式的书写等方面的概念较为抽象,与学生的生活经验有一定的距离,学生对这部分概念、原理的理解存在很大的困难。《普通高中化学课程标准(征求意见稿)》对"电化学"部分的教学要求为"认识化学能与电能转化的实际意义及重要应用"。可见有关电化学内容的教学需要强化联系生产实际,让学生认识到化学理论的指导作用。此外,对于电化学等理论性知识教学,毕华林提出了要"加强探究教学"的策略,刘知新教授指出要"突出理论的论证性,发展学生抽象思维能力"。根据上述电化学内容的学习特点分析以及相关学者的指导性观点,电化学教学应充分发掘生产实际素材,设计合适的实验探究活动来引导学生学习原电池的基本原理及相关概念,理解电池改进与发展的理论依据及方法,从而应用于实际生产问题的解决,以提升学生"科学探究与创新意识""科学精神与社会责任"等化学学科核心素养。教材作为教与学的重要依据,若在素材选择和探究活动设计方面能给教师提供直接的参考,将有利于提升电化学等理论内容的教学效益。

德国中学化学教材十分重视理论知识,其理论内容的编制,在生产生活素材的选择、发挥实验的探究功能等方面有重要借鉴意义。本节研究对比国内高中化学苏教版、人教版教材与德国化学教科书《今日化学 S Ⅱ》中的"电化学"内容,发现德国教材理论内容的编制特点鲜明,可为我国高中化学教材理论内容的编写与教学提供参考。

二、国内高中化学教材与德国教材《今日化学 S Ⅱ》"电化学"内容设置

(一) 国内高中化学教材"电化学"内容设置

我国高中化学使用苏教版、人教版、鲁教版 3 套教材,3 个版本在"电化学"内容的选择和编排顺序上极为相似,分别在必修 2 与选修 4 设置"电化学"内容,以定性视角描述原电池的概念。以苏教版为例,教材中原电池内容见表 2-8。

表 2-8   苏教版原电池内容设置

学段		节标题	主要内容
高中苏教版	必修 2	化学能转化为电能	素材:原电池反应原理示意图,钢铁的电化学腐蚀原理示意图 活动与探究:铜、锌分别与稀硫酸反应及铜、锌、稀硫酸原电池实验比较 概念:负极上发生氧化反应,正极上发生还原反应,电极和溶液形成电流回路;化学能转化为电能的装置称为原电池
	选修	原电池的工作原理	素材:锌铜原电池实验原理示意图 活动与探究: 实验 1 锌与硫酸铜溶液反应的前后溶液温度变化 实验 2 组装锌、铜、硫酸铜溶液双液原电池(盐桥),观察现象,写出化学方程式和离子方程式;指出能量变化 概念:存在自发的氧化还原反应,使氧化还原反应中的电子定向移动;氧化、还原反应在两极区分别发生。即原电池由两个半电池组成,通过电子、电解质及盐桥中离子的定向移动,构成总反应 活动与探究:利用铁与铜离子的反应设计原电池

在必修2中由锌铜原电池探究实验入手,引导学生感性认识电能的转化,分析反应原理和电极反应,得出原电池的构成条件,引出电极、电极反应、电流回路等原电池相关概念;在选修4中基于锌、铜、硫酸铜双液原电池的探究实验,引导学生理性分析化学能与电能的转化,认识氧化反应和还原反应分别在负极区和正极区发生,该实验体现了氧化还原反应的"自发性",也为后续原电池、电解池中的隔膜技术奠定基础。内容编排主要按照"原电池→化学电源→电解池→金属腐蚀及防护"顺序,在学习原电池和电解池原理后,帮助学生综合所学知识,解决生活生产中的金属腐蚀问题。由此可见,国内教材关注学科知识的逻辑顺序,注意概念学习的阶段性和知识的系统性,合理布局必修与选修内容,尤其注重在活动与探究中分析原理、形成概念,在问题解决中深化理解、应用概念。但是,教材内容缺少基于工业生产与生活实际的实验探究,电池的改进与发展未见定量研究的证据支持,这样的内容设置不利于开展指向核心素养的实验探究和定量研究的教学。

(二) 德国教材《今日化学SⅡ》"电化学"内容设置

《今日化学SⅡ》中有关"电化学"的内容选择、组织方式充分体现了"应用于生产生活"这一主题,具体如表2-9所示。

表2-9 《今日化学SⅡ》电化学内容设置

8. 日常生活和工业上的电化学	
节标题	主要内容
8.1 水溶液中的电解——强迫氧化还原反应	素材:溴化锌溶液电解及锌溴原电池比较 概念:分离电势与电极材料;超电势;电解是原电池中化学过程的逆转,只有在高于分解电势时才能生成客观分量的电解产物。在有气体析出时常常出现超电势 技术要求:高于2V电压电解溴化锌溶液,中断电解,两极形成1.85 V电压 作业:盐酸在电流密度0.1 A·cm^{-2}下电解,根据电极电势确定分解电势
8.2 分离电势	素材:氟化钠溶液的电势图 概念:分解电势——用正极上的分离电势减去负极上的分离电势就得到氟化钠溶液的分解电势;在电解中正极上粒子在最小的分离电势下氧化,在负极上粒子以最大的分离电势还原 技术要求:电解氟化钠溶液在电压2.31 V时开始进行 作业:将溴化锌溶液用石墨棒在电流密度0.1 A·cm^{-2}下电解。写出所有可能的电极反应。超电势和分离电势。计算分解电势。画出电势图 实验:电解——电极材料的影响;电流强度/电压曲线;电解书写

节标题	主要内容
8.3　法拉第定律——电解的定量认识	素材:电解硝酸银和硫酸铜溶液 概念:法拉第第一定律;法拉第第二定律;基元电荷;根据法拉第定律可以测定电解中输入的电荷量和物质的量 作业:在硫酸铜溶液的电解中通入电流 0.25 A 共 20 分钟。确定分离出来的铜的质量和 25 ℃下放出氧气的体积。用分离出来的物质的量与流过的电荷量的关系图说明放出氢气和氧气的物质的量
8.4 锌的制取	素材:锌的制取工业流程图 技术要求:氧化锌与焦炭混合物在 1 200 ℃反应得到锌;硫酸锌溶液中插入多个平行排列的铅正极和铝负极,在 3.5 V 左右电解,在铝电极上形成 3 mm 的一层锌,24～28 小时内剥下,每千克锌能耗 3.2 kWh 作业:写出氧化锌溶于硫酸、Cd^{2+} 用锌粉还原的方程式;电解硫酸锌水溶液时负极上有哪些反应? 说明电解前为什么硫酸锌溶液必须仔细钝化
8.5 铜的精炼	素材:粗铜精炼示意图 概念:电解过程中可能的电极反应,与最低的分解电势 技术要求:略 作业:叙述及评价制金中的环境问题
8.6 氯碱电解	素材:膜工艺 概念:超电势效应 技术要求:水的分解电势为 1.23 V,巧妙利用超电势效应才能在正极上生成纯氯;正极用钛,上面覆盖氧化钌,对氯的生成有催化作用,同时氧分离出来的超电势大幅提高,负极覆盖对氢的生成有催化作用的优质钢。电池电压 3 V,电流密度 3 500 A·m^{-2},电解液温度 80 ℃,使用塑料纤维做隔膜 作业:说明为什么钠离子必须透膜扩散才能保持电荷平衡
8.7 汞齐工艺	略
8.8　从矾土到铝	略
8.9　铝的电解氧化工艺	略
8.10 锈蚀——走邪路的氧化还原	略
8.11　防锈	其他略 实验:铁的锈蚀和防锈

续 表

节标题	主要内容
8.12 电镀技术	实验:铜上镀银、钥匙镀铜、镀黄铜 作业:说明实验结果,写黄铜的简要说明
8.13 电池——移动 电源	其他略 作业:说明在锌碳电池中不用锌棒而用锌杯的原因;查阅锌碳电池中为 什么要用二氧化锰/石墨粉;说明为什么勒克兰瑟电池在有负荷时测出 的电压明显低于1.5 V
8.14 蓄电池	其他略 作业:铅蓄电池中也可以用凝胶或纤维网。检索这种蓄电池的优点和 缺点 实验:制作锌碳电池和铅蓄电池 附录:锂离子蓄电池工作原理
8.15 燃料电池	素材:氢氧燃料电池、PEM燃料电池

从内容选择来看,制备锌、精炼铜、氯碱工业的膜工艺、锈蚀与防锈、EDV(电子数据处理)设备中的锂电池、燃料电池汽车技术等,均基于知识在生产生活中的应用,体现了化学知识的实用性;从内容组织来看,基础理论知识→电解→铁锈蚀→电池→蓄电池→燃料电池,由理论到实践,由现状到前景,由理解到应用,既符合学生认知发展规律,又关注学以致用,让学生感受知识在生活生产中的应用,学会应用知识来改善生活。

该教科书内容不仅重视理论研究,更注意将理论知识联系工业生产实际中的问题解决,设计大量情境真实的实验探究,使定性研究与定量分析相结合。这样的设计对于提升学生核心素养的作用不言而喻。

三、德国教材"电化学"内容特点分析及思考

(一) 素材选择体现联系生产生活的教学需求

从学习心理来看,学习内容有意义,才能最大程度地激发学习动力。创设日常生活、工业生产实际中的真实情境,在真实的情境中学习真实的化学,这是落实学科核心素养的教学要求。

德国教材电化学内容选择贴近生活与生产实际,并融入高新科技知识。

既介绍了锂/镍/锌/空气等不同功能的实用电池,又介绍了塑料件镀镍的科普知识,凸显了化学对生产生活的作用。在研究日常生活中铁的锈蚀现象时,教材引入锈蚀原理示意图(见图 2-21,彩图见附录)。利用图示箭头揭示微粒变化,描述铁锈形成过程,解释生活现象。溶解在水中的氧气对铁的锈蚀起着决定性的作用,它使铁氧化成亚铁离子,氧分子则还原成氢氧根离子。富氧区优先生成氢氧根离子,$O_2+2H_2O+4e^- \longrightarrow 4OH^-$,而亚铁离子主要是在缺氧区生成的,$2Fe \longrightarrow 2Fe^{2+}+4e^-$,由于扩散,亚铁离子与氢氧根离子在两个区域交界处相遇,化合生成氢氧化亚铁,氢氧化亚铁被空气中的氧气慢慢氧化成红棕色的胶状氢氧化铁。显而易见,在生活生产中,如果隔离氧气和电解质,可以有效防止铁的锈蚀。

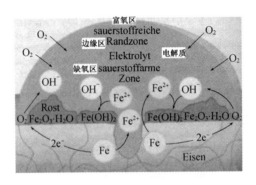

图 2-21 铁锈蚀中的电化学过程

德国教材内容联系生产实际时,又特别尊重其复杂性。例如,在氯碱工业中采用隔膜工艺,电解池中有一个多孔板(即隔膜)把正极室和负极室分开。在老的设备中用石棉作隔膜,较新设备中的隔膜则用塑料纤维。气泡不能从膜中透过,氢气和氯气也不会混合形成爆炸性混合物。教材对几种工艺进行介绍和比较,指出膜工艺与隔膜工艺、汞齐工艺相比可以节约 17% 的电能,而且没有汞齐工艺中的汞这样有害于环境的物质逸出,在工艺上更简易可靠,并且投入的成本比两种老工艺都要低。同时,隔膜工艺的缺点还有生成的氢氧化钠溶液中含有氯化钠,生成的氯气中含有氧气,氢氧化钠溶液的浓度只达到 13%。

管中窥豹,德国教材理论内容的素材选择和内容组织沿着自然界→实验室→生活生产的背景线索,从应用概念与原理解决熟知的生活问题入手,继而把视野扩大到工业生产场景,这样不仅可以使学生深化理解概念,还能让学生领悟化学对社会发展的价值和责任。

相比较而言,国内教材对"指向生活生产实际的问题解决"相关内容的设置较为欠缺。教学中可考虑补充选择一些热点话题,如"电镀工业对环境的影响""电解在污水处理、煤炭脱硫中的应用""新型电池的开发""航空航天科技中的燃料电池""电化学方法用于金属防止腐蚀的措施方案选择与评价"等。利用这些内容组织教学活动,使学生学习有用的化学,能够激励他们将所掌握的知识投入到实际生活与生产中去,并对敏感的社会问题作出科学的、理性的判断,有助于培养和发展学生的"科学精神与社会责任"素养。

(二)内容组织强化理论的论证过程

化学理论性知识是从大量事实性知识中抽象概括而来的,其形成过程需要通过积极的思维活动,运用归纳法理解事物变化的本质。理论的应用过程即为理论的论证过程,由一般到特殊,需要运用概念和原理去解释化学现象、解决化学问题,这一过程使学生的认识深入到事物变化的本质,对学生抽象思维能力有较高的要求。

相对于国内教材理论内容重视基础理论知识的理解和掌握、重视知识的系统性和完整性,德国教材理论内容更注重理论与实际应用的深刻联系,来强化理论的论证过程,发展学生的抽象思维能力。教材介绍能斯特方程、电极电势、分解电势、法拉第定律,提供定量分析的理论支撑,分析电化学原理,并通过解释、预测、评价、选择合理的电极材料和电解质,让学生全面、深刻认识电化学知识。如在研究电解溴化锌水溶液并将获得产物组成锌、溴原电池时,并未直接给出所需电压,而是利用分解电势与电极电势进行分析推理:原电池电压为 $U=U_H^0(Br_2/Br^-)-U_H^0(Zn^{2+}/Zn)=1.09\ V-(-0.76\ V)=1.85\ V$。在电解溴化锌溶液时,如要得到较多的锌和溴,电压必须超过原电池的电势,其中最低电压称为分解电势。若将两根石墨棒浸在溴化锌水溶液中,加以高于 $2\ V$ 的电压,即可得到锌和溴。中断电解,构成原电池,在两个电极之间可以测出 $1.85\ V$ 的电压。又如在研究电解氯化铜溶液时,教材中提出问题:用铂电极电解氯化铜溶液时,分解电势等于原电池的电势,用石墨电极进行实验的分解电势为什么明显高于电池电势？选择石墨电极和铂电极，分解电势会不会相同？教材同样通过理论论证过程引出概念：气体在石墨上分离受到阻碍，实验测定的分解电势与原电池电势之间的差，称为超电势 U^*，$U^* = U_Z - U_0$。

基于上述分析，电化学课堂教学应围绕核心概念组织教学，精心设计问题，引出概念。同时关注学生在特殊情况下应用理论时的思维方式，指导学生运用逻辑推理寻找现象背后隐含的本质，在实际应用中深化理解。在国内教材的铜、锌、稀硫酸单液原电池实验探究中，理论上作为负极的锌片表面本应没有气泡出现，但事实上锌片表面产生了较明显的气泡，排除锌片不纯的影响因素，产生该现象的原因是负极与电解质中的氧化剂直接接触，部分电子未经导线转移而直接在锌电极表面被氢离子捕获，而这也会导致电能转化率降低。因此，在实际应用中，人们往往通过采用隔膜技术避免此种情况。

电化学理论的学习具有明显的阶段性，理论应用还要注意在某学段的适用性，教学时要区别对待，防止形成思维定势。单就原电池发生的原理来说，中学阶段原电池的理论基础是氧化还原反应，强调反应的自发性，即氧化还原反应的方向一般由半反应的电极电势决定，正极反应与负极反应也据此确定；而在大学阶段，根据能斯特方程，半反应的电极电势受 pH 和浓度等因素的影响，如果某些氧化还原反应的电动势不大，改变氧化剂和还原剂的浓度或调节电解质溶液的 pH，负极区和正极区的反应方向可能会发生逆转。另外即使是相同的半反应，控制浓度，也可形成电流，构成浓差电池。受限于不同学段教学要求的差异，教学中不能随意补充教学内容，但是要引导学生在应用理论时注意中学化学的部分概念存在发展的阶段性，学会辩证发展地认识相应的理论解释。

（三）基于技术应用设计实验探究教学活动

真实科学探究的核心是科学知识的生成和论证。要运用科学的方法进行实验探究，并由实验室中的探究转到生活、生产实际中的创新应用，在实践中探索、反思，最后形成技术。将科学与技术融合，是实验探究的最大价值，也是促进社会发展的重要途径。

相对于国内教科书注重通过定性实验探究理解电化学原理，德国教材侧重以定量视角研究原电池的效率和选择依据，同时还选用了多样化的电解质与更贴近实用电池的连接方式。教材组织了侧重定量研究的实验探究活动：给出的生产信息中，有具体的电解电压——采用 9 V 的电池组给铁片镀黄铜；有电解质溶液的温度和浓度要求——铜的精炼中电解 60 ℃ 以下的硫酸铜溶液，锌碳电池使用 20％ 的氯化铵溶液；也有电极材料及厚度、间隔的要求——精炼铜实验选择优质钢薄板作负极，正极则用 4 cm 厚的需要精炼的粗铜板，电解槽中有多达 50 对相距 4 mm 的负极／正极板。这种研究方式，给学生潜移默化式的启发，面对真实的数据，学生感受到的是科学探究的意义、艰辛与成就感。教材在实验作业中也组织了真实的探究活动——锌碳电池组装、铁锈蚀和防锈、钥匙镀铜等 10 个探究实验，作业有检索铅蓄电池的优点和缺点、说明在锌碳电池中不用锌棒而用锌杯的原因、说明为什么勒克兰瑟电池在有负荷时测出的电压明显低于 1.5 V 等，这些技术性任务问题均能最大程度地激发学生的探究热情。

借鉴德国教材的设计，我们在原电池概念学习中，可以利用国内教材的现有活动与探究栏目，组织"锌、铜、稀硫酸电池→铁、碳、食盐水电池→水果电池→燃料电池"的定性实验探究活动，逐步揭示"负极材料与电解质反应→电极与电解质中溶解的气体反应→电极材料上吸附物质之间的反应"等自发氧化还原反应的实质，从而帮助学生深化理解原电池的构成条件和工作原理。如果说以上定性实验探究能帮助学生理解原电池的相关原理，那么教学过程中还需要定量实验探究来指导学生利用原理解决问题。真正体现电池发展的科学探究过程，离不开定量研究的数据支持，借此使学生的认识发展从定性研究深入到定量研究。教材可以通过拓展视野的方式，给出电极电势的计算公式；在教学中，教师可引导学生利用滤纸条、玻璃片设计定量的微型实验探究，通过调整 Fe、Mg、C、Cu 等电极材料及其表面积，调整电极间隔，改变电解质种类及浓度，研究电压表读数。学生可利用变量控制思想进行定量分析，通过实验实证，不断改进，发现影响电池效率的因素，体会电池设计与发展的科学思想和敢于质疑、勇于创新的精神，感悟电池发展的科学探究过程。这有助于培养与发展学生的"科学探究与创新意识"核心素养。

四、理论内容的教材编制及教学启示

在对比研究我国和德国高中化学教材中电化学内容的设置情况基础上，可以进一步联系和思考理论化学这一内容的教材编写与教学处理问题。化学基础理论内容是高中化学教学内容的精髓，具有高度的概括性和抽象性，在化学教材中起着统领作用，是培养学生化学学科核心素养的重要载体。教材的内容选择，要关注社会生活或体现科技发展趋势的真实情境；要重视实验探究，包括基于建构核心概念和原理的基础实验，以及深化理解概念和原理的拓展实验、微型实验、家庭小实验、定量实验。教材的内容编排，要在学生已有知识和生活经验基础之上呈现知识，将概念与情境、活动和问题解决融为一体，尤其在实验探究和问题解决等学习活动的设计中应用概念和理论进行定性、定量分析，发展学生抽象思维能力。

理论性知识的学习过程，是感性认识经过思维加工上升到理性认识的过程。可借助有意义、直观化的素材或手段（如生活生产实际问题、实验现象及结果、图片、数据、多媒体影像等），激发学生兴趣，启迪学生通过思维加工，揭示概念和原理的本质。理论教学要求教师关注学生思维发展和认识发展规律，以培养学生相关化学核心学科素养为最终目标，精选素材、精心组织探究活动，将理论学习与科学研究、生产实际联系起来，引导学生主动钻研与思考现象性知识背后的理论与规律。教师还可激励学生通过查阅资料开阔视野，将科学探究的精神延伸至课外，在生产与生活实际中体会科学知识、科学方法的价值。

第三章　实验设置

第一节　中德初中化学教材开篇实验的比较与分析

化学是一门以实验为基础的自然科学,实验是化学学科的重要组成部分,扮演着十分重要的角色,它既是学习和研究化学的重要内容和方法,同时还可以起到"激趣、生疑、导思、解惑"等作用。基础教育教材都十分注重实验的编排,特别是对开篇实验尤为重视。开篇实验的选择,很好地体现了教材编写者的课程理念。

一、中德教材中开篇实验内容及呈现形式的不同

本节以德国莱茵兰-普法尔茨州的化学启蒙教材《今日化学 S I 》(Chemie Heute-Sekundarbereich I)与江苏省目前使用的人教版、上教版、鲁教版初中教材作比较。

(一) 德国教材中开篇实验的内容及呈现方式

《今日化学 S I 》教材中,在学生实验之前,首先以"方法"栏目介绍"自然科学家是怎样工作的——从观察到理论"。详见表3-1。

表 3‐1　自然科学家是怎样工作的——从观察到理论

实验操作及现象	问题、猜想或结论	方法指导
甘蓝有时呈红色,有时呈蓝色 红甘蓝加水煮时变蓝	猜想:颜色与外界条件有关	观察环境中的事件或现象
实验:在变蓝的红甘蓝中加一块苹果,则重新变红	问题:是什么原因引起颜色转变 猜想:苹果果肉中的糖引起颜色转变	追问这一现象的起因,猜想事物间的关系
实验:在变蓝的红甘蓝中加食糖 观察:没有引起颜色变化	结论:猜想可能是错的	用实验来检验各种猜想,以此对现象更精确地观察 如果实验不能证实猜想,就应当认为猜想是错误的
实验:在变蓝的红甘蓝中加醋或柠檬汁 观察:颜色变红	新的猜想:苹果果肉中的酸引起颜色变化	如果实验能证明猜想,就可以认为猜想是正确的
	理论:酸性物质与红甘蓝中的染料发生作用,引起由蓝到红的颜色转变	多次证实的猜想成为一种理论。在理论的帮助下可以预测新的现象

紧接着是"实验"栏目。

[实验1]:制红甘蓝汁

材料:电热板,刀,烧杯(400 mL,广口),烧杯(250 mL,高),漏斗,滤纸;红甘蓝

步骤:

(1) 把红甘蓝切开,把碎片加入大烧杯中。

(2) 加入 200 mL 水,煮片刻,将红甘蓝汁滤出。

[实验2]:红甘蓝 VS 蓝甘蓝

材料:滴管,勺,红甘蓝汁,柠檬汁,食醋,苏打(碳酸氢钠),酪皂,氢氧化钠

步骤:

(1) 在 5 支试管中各加入红甘蓝汁至 1/4 高度。

(2) 在第 1 个样品中滴入食醋,到颜色不再改变为止。

(3) 在第 2 个样品中加入柠檬汁。

（4）在第 3 个样品中加入一勺苏打，摇动试管，再加苏打，直到颜色不再改变为止。

（5）在第 4 个样品中，将酪皂一小块、一小块地加入，并每次摇动。

（6）在第 5 个样品中仔细用勺加入三小片氢氧化钠（氢氧化钠不能与手指接触）。溶液最后倒入废液瓶中。

家庭作业：

将下列物质分别加入到红甘蓝汁和红茶中，然后进行观察：柠檬汁，醋，酪皂，盐，糖，白葡萄酒。溶液最后倒在排水槽中。

叙述你的观察结果，猜想颜色变化的原因。

（二）中国教材中开篇实验的内容及呈现方式

人民教育出版社的《化学》（九年级，2012 年版）是在"物理变化与化学变化"这一内容中列出了四个实验：（1）观察水蒸馏的实验。（2）观察胆矾研碎发生的变化。（3）观察硫酸铜溶液加入氢氧化钠后发生的现象。（4）用石灰石与稀盐酸反应并将产生的气体通入澄清石灰水中。要求记录观察到的实验现象并注意有无新物质生成。

上海教育出版社的《化学》（九年级，2012 年版）是在"观察与思考"栏目中引入开篇实验的：（1）从生活中袋装化肥碳酸氢铵的消失来引入碳酸氢铵受热分解的实验，要求观察实验现象并思考碳酸氢铵消失的原因，思考如何保存碳酸氢铵化肥。（2）从生活中钢铁的锈蚀现象出发，观察在密闭的锥形瓶中（用红色的水封住单孔塞上的导管口）用浓盐水润湿的铁丝（用盐酸除去铁锈）发生的变化，并尝试解释实验现象。（3）观察含硫火柴燃烧的产物与高锰酸钾溶液反应的现象，由此引入二氧化硫是大气的主要污染物。

山东教育出版社的《化学》（九年级，2012 年版）是在"活动天地"栏目中引入实验，并要求观察化学变化的现象：实验 1 为点燃镁条，实验 2 是往氢氧化钠溶液中滴加酚酞，实验 3 是锌粒中加入稀盐酸，实验 4 是在硫酸铜溶液中加入氢氧化钠溶液。

二、开篇实验中折射出中德教材实验价值取向的差异

教材既是教师教学的工具，也是学生学习的资源和依据。教材具有提供

知识信息、实施目标定向、整合学科知识与社会实际应用、激发维持学习动机、促进学习方式形成、提供自我反馈与巩固、作为思想情感教育媒介等功能。各种化学启蒙教材,其目标均为全面提升学生的科学素养。中德教材都能考虑到初中学生的认知规律和知识基础,注意用生动形象的事例激发学生的学习兴趣和学习动机,注意从学生日常生活中熟悉的事物出发,通过探究活动引导学生认识和学习有关科学知识。但由于文化差异及评价体系的不同,两者在价值取向及课程理念上存在着差异。

(一) 对实验功能定位的差异

在传统的化学教材中,实验只是学习化学知识的工具。新课程标准实施以来,实验作为化学知识的独立构成和实验在化学学习中的重要作用,越来越得到重视。但在目前以分数作为升学的唯一标尺以及以笔试为主要考评方式的情况下,实验更多地仍然是为学习基本概念、基本技能作辅助,起到导入课题、激发兴趣、探究知识、验证结论的作用。换句话说,无论在教材编写者还是教师的心目中,实验只能充当配角,其价值仅在于它们是化学基本观念的载体。中国 3 种版本的开篇实验,都是作为教学内容的一部分,如人教版的开篇实验是为"物理变化和化学变化"这一部分教学内容作铺垫,通过实验,同学们可直观形象地感受到物理变化和化学变化的根本区别——是否有新物质生成,也可感知化学变化中一般会有颜色变化或有沉淀、气体产生。

德国《今日化学 SI》中的开篇实验是在"方法"及"实验"栏目中出现的,在内容上与所学化学知识没有直接关联。就红甘蓝还是蓝甘蓝展开实验探究,探究中着重介绍科学研究的方法,即"猜想—实验验证—(若失败)新的猜想—验证—形成理论—指导预测现象",整个实验独立成篇。从方法指导、实验开展、实验指导、现象呈现到家庭作业,自成体系,没有为学习某个化学概念或某一化学知识服务。实验在教材中与理论知识具有同等重要的地位,而不是起辅佐的作用。

(二) 实验实施主体的差异

《今日化学 SI》中的开篇实验占了整整两页篇幅,从自然科学研究方法的指导到实验的详细操作步骤,写得非常详尽。作为开篇实验,还列出了所用的各种仪器及规格、预测的实验现象和家庭实验作业,提示了安全注意事项(如佩戴护目镜、不可让手指接触到腐蚀性药品等)以及废液的处理方案,所用材料多是学生日常生活中接触过的,实验过程基本安全。学生按照书本的提示可独立开展实验,编写者心目中的实验实施主体是学生。

国内几种教材开篇实验基本是给出实验步骤、实验装置图,没有给予详尽的实验指导,实验显然是演示实验或是教师指导下的分组实验,编写者心目中的实验实施主体是教师,因此,更多地从教学角度出发编写实验。这种编排,有利于教师组织教学,发挥其指导作用。

(三) 实验选材的差异

在实验的选材上,中德的教材均能注意编入引发学生产生问题的情景、不平常的现象、奇异的事例、引起矛盾的说法等材料,充分调动学生学习的积极性。

《今日化学 S I》中的开篇实验内容的引入本着"需要才知"(Need to know)的原则。"需要才知"即不是为了学习而学习,而是当问题、情境或事件需要化学知识时才引入。以苹果使甘蓝变红这一生活中常见的现象作为问题引入,然后围绕是苹果中的糖还是酸发生了作用展开探究,以食糖、柠檬汁作为实验原料,根据现象得出结论。接下来的实验中用食醋、柠檬汁、苏打、酪皂、氢氧化钠(管道疏通剂的主要成分,生活中亦常见)与甘蓝汁分别作用,观察现象。整个实验以生活问题展开,用生活中常见物品开展实验,很好地体现了从生活走向化学、从化学走向社会的理念,易使学生对化学产生亲近感。在世界各地公众"化学恐惧症"愈演愈烈的今天,尤有现实意义。

在国内 3 个版本的开篇实验中,上教版是从生活中的问题出发,如碳酸氢铵(化肥)不翼而飞、钢铁生锈、二氧化硫污染大气,设计了 3 个实验,具有生活化气息,但碳酸氢铵、含硫火柴并不是生活中的必需品,编写者更多地从实验现象的可观察性角度来选择实验。人教版和鲁教版的编写者则更多地从实验现象要能反映化学变化的特征角度来选择实验。

(四) 实验提供的知识性差异

化学知识包括化学事实性知识、化学理论性知识、化学技能性知识、化学策略性知识和化学情意性知识,前面 3 项为显性知识,后 2 项为隐性知识。国内教材的开篇实验着重通过实验所展现的现实性知识来阐述化学变化这一理论性知识,并通过化学变化的绚丽多姿来促进化学情意性知识的形成。德国教材的开篇实验没有介绍化学理论性知识,而强调实验研究方法、实验操作步骤等化学策略性和技能性知识,并通过素材的生活化来达成情意性知识目标。前者更多地注重基础知识,后者培养的是学生的智力和学习方法。

(五) 学习目标定向的差异

教材是教师教学和学生学习的依据,对学生成长应起到使其促进认知、学会做事、学会共同生活、学会生存的作用。从微观层面来讲,教材由"学什么""为什么学""怎么学""学得怎么样"几部分构成。在目前的评价体系下,国内教材以学科观念为中心,围绕着基础知识和基本技能两条主线来编排教学内容,这样安排,化学知识体系完整、脉络清楚,有助于学生高效、快速地掌握化学主干知识,在升学考试中取得好成绩,并为学生深入学习化学知识打下坚实的基础。《今日化学ＳⅠ》是将化学作为自然科学的一部分,通过生活案例来展开化学知识。知识呈现的方法更加原生态,化学知识网络不是十分清晰明了,不利于快捷、迅速地掌握化学概念。但浓郁的生活氛围、扎实的方法指导,培养了学生对自然和社会的责任感,促进了学生的智慧生长,为其人生发展起到导向和引领作用。

他山之石,可以攻玉。目前,国内对德国教材研究相对较少。德国人以其严谨、扎实的风格闻名于世,其自然科学长期处于世界领先地位。美国等西方发达国家的教材最初都是借鉴于德国。通过对《今日化学ＳⅠ》中开篇实验的研究,比较中外教材在实验安排上及价值理念上的差异,可为国内教材的编写和使用提供借鉴。

第二节　中德化学教材导论章节对科学探究学习的编写比较

科学探究是一种重要而有效的学习方式,是学生积极主动获取化学知识、认识和解决化学问题的重要实践活动。对"科学探究"的学习有两层主要含义:既要在认识上理解科学探究是人们获取科学知识、认识客观世界的重要途径,又要把握科学探究的基本要素,发展科学探究能力。

不少版本的初中化学教材在导论章节就安排了对"科学探究"学习的内容。不同版本,尤其是中外化学教材在导论章节是如何引入对"科学探究"的学习的,这是一个讨论较少但又常被教师关注的话题。为此,笔者对比了人教版 2012 年九年级《化学》(以下简称"人教版教材")和德国莱茵兰-普法尔茨州的化学启蒙教材《今日化学 SⅠ》(Chemie Heute-Sekundarbereich Ⅰ)(以下简称"德版教材"),就其导论章节中对"科学探究"的学习素材设计进行了对比,以期对一线教师处理好"科学探究"起始阶段的教学有所启示。

一、两种初中化学教材导论章节概述

教材的导论章节是引导学生了解化学学科性质和研究范畴,认识学习化学有何意义和价值,把握化学学习的特点和重要的化学学科学习方法等的概述性内容。针对导论章节应该包括的上述因素,人教版初中化学教材的导论章节可以理解为由"绪言"和第一单元"走进化学世界"两个部分组成,德版教材的导论章节安排在第一部分"化学——自然科学的一个分枝"下的二级栏目"1-1 化学是什么?"之中,具体内容如表 3-2。

表 3-2　两种化学教材导论章节目录对比

教材	导论章节目录	主要内容概览
人教版教材	绪言:化学使世界变得更加绚丽多彩 第一单元:走进化学世界 课题 1　物质的变化和性质 ＊课题 2　化学是一门以实验为基础的学科 课题 3　走进化学实验室	化学学科性质、研究范畴;化学的意义和价值 化学变化和物理变化;化学性质和物理性质 对蜡烛及其燃烧的探究;对人体吸入的空气和呼出的气体的探究 实验的重要性;化学药品的取用;物质的加热;连接仪器装置
德版教材	1　化学——自然科学的一个分枝 1-1　化学是什么? 方法:正确地做实验 ＊方法:自然科学家是怎样工作的——从观察到理论 ＊实验:红甘蓝还是蓝甘蓝? 实验:煤气灯的使用	指出化学的研究领域;化学中的物质是指什么 实验的重要性;进行实验;在实验中观察 对实验进行分析;如何测量 自然科学家进行探究的思路

注:＊表示涉及对"探究"的学习内容。

从上表3-2中看出，两种教材在导论章节都说明了化学是一门非常重要的自然科学，化学实验是科学家进行探索发现的重要手段，因而实验是学习化学的重要载体，随后，两种教材都介绍了化学基本实验操作的规范和方法。表3-2中标＊的内容，引入了对"科学探究"的学习，显然两种教材都将"科学探究"作为化学学习的核心内容之一加以重视，且都将对"科学探究"的学习融入化学入门教学的整体框架之下。

二、导论章节"科学探究"的学习编排对比

对比两种教材的导论章节，它们在"科学探究"的学习目标确定、内容安排和资源选择上是基本一致的，但在具体的呈现顺序和表述方式上则有较大的差异。

（一）"科学探究"的学习目标及内容基本一致

在内容安排上，表3-2中两种教材都包括了"认识实验是化学学习的基础""实验中的观察与描述""从对实验现象的分析中得到结论"等三部分内容，而这些都是"科学探究"的主要组成部分。

在目标设定上，两种教材的导论章节都试图达成两点：一是帮助学生认识到探究是一种认识客观世界的重要途径，理解科学探究是学生化学学习的重要内容和一种重要的学习方式；二是指导学生初步理解"科学探究"的基本思路和能力要素，学会观察和描述，把握"科学探究"的基本步骤，即"提出问题→猜想与假设→制订计划→进行实验→收集证据→解释与结论→反思与评价→表达与交流"等八大要素。这样可为学生在后续学习中深化对"科学探究"的理解奠定认识上、方法上的基础。

（二）"科学探究"的学习资源选择取向基本一致

在正式学习化学之前，学生在小学科学、中学生物和物理的学习过程中，其实就已建立了"科学探究"的意识，并且初步掌握了"科学探究"的一般方法。因而，化学教材在初中导论章节对"科学探究"的学习就必须要具有化学学科的特点。在这一点上，两种教材都选择以化学实验为载体来引入化学学科"科学探究"的学习：人教版教材安排了"对蜡烛及其燃烧的探究"和"人体吸入的空气与呼出的气体有什么不同"两个课堂实验；德版教材选用了一个课堂实验"红甘蓝还是蓝甘蓝"，以及一个家庭小实验"观察红甘蓝汁和红茶"。两种教材虽然选择的实验内容不尽相同，但所选择的实验素材都是与学生生活密切相关的物质（见表3-3），实验用品常见易得，实验操作简单易行。

表3-3　两种化学教材导论章节"科学探究"学习所用的实验素材

教材	实　　验	所用素材（含主要试剂及仪器）	
人教版教材	1. 对蜡烛及其燃烧的探究 2. 人体吸入的空气与呼出的气体有什么不同	蜡烛、火柴、澄清石灰水等	水槽、吸管、集气瓶、玻璃片、木条、烧杯等
德版教材	1. 红甘蓝还是蓝甘蓝 2. 观察红甘蓝汁和红茶	柠檬汁、醋、酪皂、氢氧化钠、苏打、红茶、盐、糖、白葡萄酒等	电热板、刀、烧杯、铁架台、漏斗、滤纸、试管、滴管、勺等

从表3-3中看出，很显然，两种教材的导论章节，都是以"学科特点、生活背景、实验体验"为导向来选择"科学探究"的学习资源的，都力求从学生的生活经验和原有认知基础出发，选择与学生生活经验密切联系的实验，教材中均提供了实验操作彩页图示以增加实验的直观性。

（三）"科学探究"学习的重要载体——实验编排思路有较大差异

既然两种教材的导论章节都安排了对"科学探究"的学习，且在目标、内容及选材取向上基本一致，何以说"科学探究"的重要学习载体——化学实验的编排思路不同？以下从两种教材所选取实验素材的呈现顺序、表述方式两个方面作对比（如表3-4）。

表3-4　两种教材导论章节学习"科学探究"的实验呈现顺序及表述方式对比

对比	人教版教材	德版教材
层级标题	以两个实验名称作为层级标题，标题左下方均标注"探究"，明确两个实验既是一次实践活动，也是一次对探究方法的学习过程	先后列出"正确地做实验"和"自然科学家是怎样工作的——从观察到理论"两个标题，标题左上方均标注"方法"，并未明确标出"探究"二字，但说明了这是学科方法类知识的学习

对比	人教版教材	德版教材
呈现顺序	实验一"对蜡烛及其燃烧的探究" 1. 根据教材指导完成实验 2. 参考教材实验报告空表进行实验总结和经验分享 3. 小结化学中"观察与描述"的要点 4. "练习与运用/习题1"加以巩固 实验二"对人体吸入的空气和呼出的气体的探究" 1. 根据教材指导完成实验，观察并记录每一步的实验现象，填写在教材提供的空表中 2. 思考问题"通过上述实验探究，比较人体吸入的空气和呼出的气体中所含二氧化碳、氧气、水蒸气的多少，你能得出哪些初步结论？" 3. 归纳"学完本课题你应该知道" 4. "练习与运用/习题2、习题3"加以巩固	"正确地做实验"：1. 说明实验观察与描述的重要性和实验要求；2. 说明如何实验；3. 说明如何在实验中观察；4. 说明如何对实验进行分析 "从观察到结论"：1. 以实验"红甘蓝呈现蓝色或红色与外界条件有关"为例，用"实验步骤→实验图示→探究说明"详细讲解"科学探究"的每一个步骤和流程（如图3-1，彩图见附录） **图3-1　红甘蓝显色原因实验探究** 2. 进行"红甘蓝还是蓝甘蓝"的实验，验证①中说明的"探究"方法 3. 设计两道家庭作业题加以巩固： ① 用下列物质观察红甘蓝汁和红茶：柠檬汁，醋，酪皂，盐，糖，白葡萄酒。溶液最后倒在排水槽中 ② 叙述你的观察结果，猜想颜色变化的原因
表述方式举例	"实验一"中的每一步骤都提出启发性问题，提示学生关注蜡烛点燃前、燃着时、熄灭后要观察什么，如何记录和描述这些现象，从中能推测出什么结论	详细、具体说明了每一步实验的原理、操作要领和注意事项，通篇使用陈述性、告诉式的表述方式，问句式表述较少 如，"红甘蓝还是蓝甘蓝"实验中第2个小实验的表述如下： [实验2]：红甘蓝 VS 蓝甘蓝 材料：滴管，勺，红甘蓝汁，柠檬汁，食醋，苏打（碳酸氢钠），酪皂，氢氧化钠

对比	人教版教材	德版教材
表述方式举例	"实验二"中的每一个环节都提供留白表格，要求学生记录实验现象填入表中。 习题2用问题式表述："结合自己的体会，你认为化学中的探究需要哪些步骤（或环节）？"	步骤:1. 在五支试管中各加入红甘蓝汁到四分之一高度 2. 在第一个样品中滴入食醋，到颜色不再改变为止 3. 在第二个样品中加柠檬汁 4. 在第三个样品中加一勺苏打，摇动试管，再加苏打，直到颜色不再改变为止 5. 在第四个样品中，将酪皂一小块、一小块地加入，并每次摇动 6. 在第五个样品中，仔细用勺加入三小片氢氧化钠

从表3-4中可以看出两种教材在"科学探究"学习中实验内容的呈现顺序、表述方式上的明显差异，这本质上反映了两种教材导论章节关于"科学探究"学习的设计思路是有差别的。

在人教版教材中，"蜡烛的燃烧"和"人体吸入的空气和呼出的气体的对比"两个实验标明属于"探究"活动，两个实验之间存在着内隐的"探究"关联，但在外显内容上似乎没有显著的联系。两个实验主要是通过在课堂上"组织实验活动→描述与观察→归纳结论与方法"这一顺序来进行，体现了由具体至一般"归纳式"的思维方式，简言之，即在具体实验"探究"活动中体验、把握"探究"的能力要素。

在德版教材中，内容的呈现是按"举例（红甘蓝呈现蓝色或红色与外界条件有关）→说明科学探究有哪些具体步骤→按探究步骤开展实验活动（红甘蓝还是蓝甘蓝）→巩固和运用探究方法（观察红甘蓝汁和红茶）"这一顺序展开。即先提供完整的、明确的方法指导，让学生通过阅读和理解"现成"的方法类知识而获得对"科学探究"的认识，然后再以实验验证对获得的"科学探究"的认识，之后设计课后家庭小实验来运用和巩固"科学探究"的方法。这是从一般原理到具体运用的"演绎式"编排思路，且在两个实验的设计上注重了内容的一致性和时空的延展，无论是外显的内容还是内隐的探究思维，其逻辑关联性都较强。

从表述方式上看，人教版教材使用疑问句频次较多，如"蜡烛燃烧时发生了哪些变化?""蜡烛能否重新燃烧?""你能得出哪些结论?""谁的描述更准确、更细致?""你认为化学中的探究需要哪些步骤?"等,这些问句层层递进,可以较好地引导学生进行实验、观察实验、展开思考,从而在实践中体验"科学探究"的基本要素和思维方法,但这也带来一个教学中的普遍性问题——学生较难准确把握化学实验操作和实验现象描述的学科用语规范,这就常常需要教师再次强调化学学科语言的规范表述,并给予学生必要的指导。在德版教材中,文字的表述绝大多数使用陈述句,表述与人教版相比不够生动,告诉式较多而启发性不足,但也有其优点,就是在学生进行化学入门学习时,教材能为学生提供自学素材并有可模仿的文字示范,学生能在完成实验报告或作业时,按教材所提供的样例,使用化学学科语言规范表述。

三、反思与启示

关于"探究"一词,2012 年美国科学教育框架理念的首位关键词从"科学探究(inquire)"变身为"科学实践(practice)",其深层次的原因是要强调让学生在亲身实践中体验探究过程。这里的"亲身实践",既可以是依托"动手做"获得直接经验,也可以是依托阅读教材资源和学习已有方法获得间接经验,无论哪种,落点都应是学习者思维上"亲历探究过程"。从这个角度来看,上述两种教材导论章节中对"科学探究"的学习编排各有千秋。

两种教材都高度重视化学起始阶段对"科学探究"的学习,都非常强调以化学实验为载体来学习"科学探究"的方法,而且也都强调学生在实验中通过亲手实践、过程体验和自主内化来认识科学探究、理解科学探究。

人教版教材明确标出"探究",从具体的生活化实验入手,更易于调动学生主动参与,能较好激发学习动机,让学生在"做中学",通过自己的直接体验获得对"科学探究"的认识。这一过程有利于学生将对"科学探究"的认识内化到原有的认知体系中,使学生化学学科素养得到较好发展。不过,两个实验总体呈现由具体至一般"归纳式"的设计思路,文字表述中较少给出现成现象、结论,提供的素材模仿性、示范性相对较弱,这对学生的思维水平要求相对较高,因此,教师也就需要将教材内容对应课程目标要求,再根据学生具体情况进行适当处理和补充讲授。在常态化学课堂中,很多教师都在教材之外另外提供一份"学练案"辅助学习,且有意无意简化了让每一个学生亲历实验的过程,增加了"教探究""讲探究"的成分,可能这也是九年级师生普遍觉得"科学探究"难教、难学的原因之一。

相对而言,德版教材则明确标出"方法",以一个具体的实验为载体,详细、清晰地给出科学家进行探究的整个方法线索,再通过学生实验来巩固对"科学探究"要素的理解,无论是教材外显的学习素材选择,还是内隐的"演绎式"设计思路,其逻辑关联性都较强。教材的文字表述学科性强,有较强的可模仿性,大多数学生可阅读教材而把握"科学探究"方法,然后按图索骥自主完成相关家庭实验或课后作业,这似乎更符合学生在化学学习起始阶段的认知规律。这种明确标出"方法"的内容设计,在德版教材的其他章节中也随处可见,如关于"看图及制图",德版教材以如何表述"几种海水的含盐量"为例,详细指导和说明了化学中的识图和作图。而人教版教材一般没有明确的方法类知识的专题章节,主要是将方法类知识隐于各部分化学知识的学习中,方法的获得依赖教师有效的指导和学生的感悟。因而,在如"科学探究"这类方法类知识的学习上,尤其是方法类知识在导论章节的起始学习,德国教材的编排和呈现是值得我们借鉴的。

第四章　特色探究

第一节　德国初中化学教材内容设计特点研究
——以"水"单元为例

在诺贝尔化学奖的历史上,从 1902 年费歇尔对嘌呤和糖类的合成研究到 2007 年格哈德·埃特尔对表面化学的研究,德国先后有 29 位化学家获得诺贝尔化学奖。1996 年德国设立总统绿色化学挑战奖,旨在奖励在研究、开发和应用绿色化学技术方面获得杰出成就的个人、集体或组织。由此可见德国人对化学的重视。德国部分完全中学课程设置跟我国大部分地区一样,化学课程单独设置。因此,研究德国化学教材对我们有直接借鉴意义。本节以"水"单元内容为例,对德国莱茵兰-普法尔茨州的化学启蒙教材《今日化学 SⅠ》(Chemie Heute-Sekundarbereich Ⅰ)的编写依据及理念、内容结构与具体设计特点等几个方面,作了简要介绍分析,以期有益于我们的教材教学的改进。

一、德国教材编写情况简介

(一) 德国初中化学教材编写依据及理念

德国教材的编写依据是课程纲要。德国的中学主要有主体中学、实科中学和完全中学等三种类型。分科化学并不是在所有中学都统一开设,而主要是在一些州的完全中学开设。"课程标准"在德国称为"课程纲要",其教材编写背后的理念显示了以下基本特点：重视科学方法教育，课程中渗透着自然科学的一般思维方式和工作方法，以及化学学科特有的思维方式和方法。如用模型的方法从微观角度说明物质的性质和化学反应的本质，从化学实验结果归纳出普遍性的规律，通过化学发展的历史说明人们制造新物质的过程和方法等，引导学生掌握学习策略；重视与工业生产和日常生活的联系，化学课程的每一部分内容都尽可能地与工业生产和日常生活相联系，它几乎涉及所有的生产和生活领域，如塑料、颜料、药物、化妆品、食品、建筑等；渗透人文教育，反映出以学生发展为本的人文精神，课程明确提出了化学工业生产在提高人类生活质量的同时也带来了一些负面影响，并对此进行了理性分析，认为通过提高化学学科的研究水平和进行人文教育，可以减少化学工业生产对人类产生的不利影响，引导学生树立科学的价值观和STS理念；化学实验在课程中占有重要的地位，充分体现化学学科特色，化学课程中的化学基本概念、定律和原理的导出，对物质的变化及性质的认识等都是通过实验实现的，化学实验也是学生解决问题、形成能力和获得经验的主要手段；把培养学生的跨学科思维方式作为课程的重要目标。莱茵兰-普法尔茨州的完全中学虽然设置的是分科课程，但是透过教材可见他们还是想通过培养学生跨学科的思维方式来达到综合课程的融合目的，且非常重视分科教学的综合化取向在解决复杂问题中的作用。德国教材中充分体现了在分科课程中注重学科融合，实现分中求合的课程目标这一特色。

（二）德国初中教材有关"水"的单元知识结构

德国教材中有关"水"的知识安排在第6单元，其编写结构如下：标题"水——多姿多彩的化合物"，下设5个一级主题，即"6.1　水——氢的氧化物；6.2　水的组成；6.3　实验室和工业上的氢气；6.4　酸性溶液和碱性溶液；6.5　氧化物和氢氧化物与水反应生成溶液"。上教版教材"水"的知识编排相对分散："2.3　自然界中的水"重点介绍了水的组成、水的净化、水资源综合利用；"5.1　金属的性质"，在"联想与启示"栏目中介绍了氢气的实验室制法；"7.1　溶液的酸碱性"重点介绍了酸性溶液和碱性溶液、溶液酸碱性的强弱、溶液酸碱性与生命活动的关系等。

德国教材设置了"中心问题""基础知识""摘要""概要""项目""方法""实

验""化学—检索""附录"等栏目,在"基础知识"栏目中下设"知识的检验""实践知识""自然—人—技术""互联网知识"等,中心知识以方框的形式给予标注,还配以大量的插图。插入的图片更多地介绍相关化学现象、化学史实和最新科技成果,以及德国人对化学的巨大贡献,这也是德国对学生进行爱国主义教育的又一重要途径。教材设置的这些栏目都能促进教学方式和学习方式的积极转变。

二、德国教材内容设计特点

(一)重视呈现化学史实

已有认知心理学告诉我们,学生对科学知识的认知过程和科学史路径十分相似。德国教材大多数章节在介绍新知之前首先回顾前人的研究过程,充分吸收和借鉴前人的研究经历、研究方法。如在探究水的组成时,首先介绍19世纪初法国盖·吕萨克(Gay-Lussac)研究氢气与氧气反应生成水时两种气体的体积比的方法,然后根据用霍夫曼(Hoffmann)水电解器进行实验的现象,得出无论是水的合成还是水的分解氢气和氧气的体积比都为 2∶1 的结论。又如在回答水究竟是不是一种元素之前,首先介绍希腊哲学家的思想——水是潮湿的元素,再通过对水蒸气与镁条的反应产物的检验,得出水不是由一种元素组成的结论,从而对古代哲学家的思想进行批判性继承。此外,教材还在问题讨论环节,要求学生叙述化学家在测定化合物组成时所用的工作方法。这样的设计避免了以结论的形式呈现,能促进学生对科学方法的探究过程的了解;学生不必去更多地记忆科学方法,而是体验和理解,也唯有亲身参与,学生才会铭记。

(二)紧密联系生活实际

德国化学教材十分注意从学生已有的经验出发,让他们在熟悉的生活情景和社会实践中感受化学的重要性,了解化学与日常生活的密切关系,逐步学会分析和解决与化学有关的一些简单的实际问题。化学源于生活,并指导服务于生活的理念得到很好的落实,这一点几乎在每个章节都有很好的体现。如在介绍酸碱指示剂时呈现了大量的生活中的酸性物质和碱性物质——醋、柠檬、苹果、正常的雨水、酸奶、食盐水、小苏打、肥皂水等,通过自制指示剂——红甘蓝、小红萝卜等来测定生活中一些液体的酸碱性,让学生感受到化学与我们的生活息息相关,化学就在我们身边。又如在介绍酸雨问题时,是让学生通过查阅资料,获取大量有关酸雨的产生、危害、防治措施等知识。

(三) 注重应用化学实验

德国教材比我国教材设置了更多的实验,如除了用硫酸铜检验水的存在,还介绍了用氯化钴试纸检验水的存在;一些在我国教材中的教师演示实验都设计成学生小组实验,如镁与水蒸气的反应、氢气的爆鸣实验、金属钠在潮湿的滤纸上的反应等。德国教材还增加了许多趣味性实验,如蚀刻实验、镁在水下燃烧实验、氢气分子的扩散、喷泉实验等。我国课程标准中将学生必做实验增加到 8 个,且全部纳入教材,是规定"动作",教师不可以自选。德国教材中学生必做实验更多,要求更高,有的要求已经达到我国高中要求。如学生实验"食物中酸"主要包含以下 3 个实验:食醋的滴定、酸奶中酸含量的测定、可乐中磷酸含量的测定等。这些实验不仅有定性实验,还有大量的定量实验。而且实验习题具有很强的针对性、启发性、趣味性。如水蒸气与镁的反应这一实验,由于水蒸气是通过加热潮湿的沙子产生的,提出的问题是"沙子不参与反应,沙子在实验中的作用是什么"。再如可乐中磷酸含量测定实验的问题是"为什么滴定前要将可乐煮沸""可乐中为什么要加活性炭"。这些问题给人总体的感觉是在引导同学们真正地做实验,做科学。

(四) 注重学习方法指导

2000 年德国学生首次参加 PISA 测试,阅读能力、数学能力和科学能力在参赛国中排名滞后,这引起了德国教育界的反思,促成了德国进行新的基础教育课程改革。PISA 认为,学生不可能在学校学到将来生活所需要的每一种知识和技能,因此学习的目的不在于使学生学会事实(learn to know),而是学会如何学习(learn to learn)。德国化学教学特别重视对学生学习能力的培养,特别是信息搜索、处理、加工能力的培养。某教材编写结构中有一个固定的栏目——"化学—检索",教材中给学生提供了许多网页链接,有的知识会由教材直接给出,有的知识则需要学生通过多种途径去搜集。在检索的栏目中,编写者会设计若干相关问题,期望学生通过检索寻找出问题的答案,有些问题的思考性、开放性很强。如:关于镁在水下燃烧提出的问题有"提出一种扑灭镁火灾的方法""镁和镁的合金主要应用在哪些领域""为什么镁近年来重要性上升很快"。这些联系生活实际问题的探究作业,既能培养学生重要的自学能力,又能充分地激发学习兴趣,让学生感知到学习化学是如此的有用。

(五) 注重考查能力方法

德国教材中的作业题,侧重于帮助学生了解化学学科的本质、化学学科知识发展的历史,并从化学史中了解人类探索新知的过程,继而形成对化学问题的兴趣、乐意从事化学工作的态度和对社会负责的价值观念,而不是考查知识记忆或者化学计算。例如,教材在给出从海水中获取饮用水的三种工业生产的方法后,提出以下问题:"1. 总结这三种从海水中获得饮用水的方法的优点和缺点。2. 蒸馏法需在低压下操作,而渗透膜法则需在高压下操作。试作说明。"又如,以检索的方法布置作业:"在汽车电池中用氢作能量载体的技术正在开发过程中,而用霍夫曼水电解器进行的实验说明氢可以从水中得到。请检索氢的工业制取方法。"再如,教材提供一个"兴登堡号的灾难"事件,然后布置了这样的作业:"说明为什么兴登堡号只燃烧而不爆炸。"

第二节　重理论,讲方法,强实际
——德国化学教材《今日化学 SⅠ》特色与启示

德国人以严谨、认真而著称,德国的产品因质量高而受到世人欢迎,这一切,跟德国具有良好的科学教育体系不无关系。德国是联邦制国家,各州有自己的法律,可以自行处理州内一些教育问题。但国家有统一的课程标准,2003年,全国性的数学、德语以及第一外语的成就性标准颁布,2004年,物理、化学、生物的相应标准颁布,这些标准界定了学生在初中毕业时应学会的内容。

德国科学教育标准包括三个维度:能力、基本概念和学业成就水平。其中能力又被划分为四个领域:第一个领域是科学知识,指的是了解科学现象和事实;第二个领域是认识论和方法论,就是使用实验或非实验的研究方法和概念模型;第三个领域是交流能力,即检索、使用和转换与主题相关信息的能力;最后一个领域是判断能力,即评估和判断与主题相关的问题。这四个领域的内容及关系可用图 4-1 来表示。

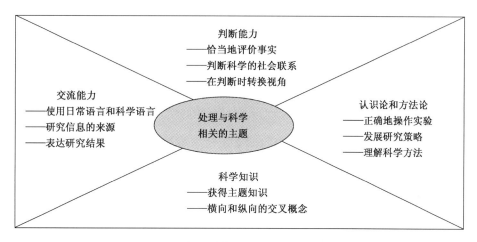

图 4-1 科学教育的四个能力领域

德国中小学教育体系为 12～13 年义务教育,大多数州 1～4 年级为初等教育(小学),5～10 年级为中等教育第一阶段,12～13 年级为中等教育第二阶段。本节讨论的是德国莱茵兰-普法尔茨州的中学第一阶段化学教材《今日化学 SⅠ》(Chemie Heute-Sekundarbereich Ⅰ),"管窥一斑,可见全豹",据此分析德国基础化学教育的特色及其对我国化学课程的借鉴意义。

一、《今日化学 SⅠ》教材特色分析

(一) 重视化学理论知识

每一门学科中都有一些核心的概念和思想,它们是学科中组织相关知识的关键概念,能够用来解释许多现象,能够为理解、探究更为复杂的概念和解决问题提供关键的工具。如何处理好化学理论性知识和化学事实性知识的关系,是教材编写者和使用者都感到十分棘手的问题。理论如同骨架,少则难成体系,多则生硬无趣;事实如同血肉,多则松散,少则干枯。我们都知道理论性知识的重要性,只有在学习起始阶段用核心概念和理论建立起一个基础的、坚实的平台,才有助于学生以后在科学知识的学习中不断深化、提升,取得更大的成就。

《今日化学 S I 》较好地处理了化学理论与元素化合物知识之间的关系，全书共分八大部分十六章，分别为：物质和它们的性质——粒子模型（1～3章）；化学反应 I （4～6章）；原子的结构——化学反应 II （7～8章）；化学元素——卤素元素（第9章）；有区别的原子模型（第10章）；化学键（11～12章）；酸、碱和盐（13～14章）；碳氢化合物和它们的衍生物（15～16章）。从章节的编排即可看出，教材十分重视理论知识的介绍，以理论为基础，指导化学知识的学习和应用。

初中生正处于直观形象思维向抽象逻辑思维过渡的时期，为了避免抽象的理论知识让学生感到枯燥无味、失去兴趣，教材采用了实验、叙述、图形、计算等方法来直观形象地说明理论。原子结构、质量守恒定律及化学方程式是初中最重要的基本概念和基本理论，从本书第7章"原子和物质的结构"的篇目安排中可以看出教材对理论知识的处理策略。

7.1　道尔顿原子模型。附录：原子及其表示方法。

7.2　一个原子有多重？附录：如何测定原子的重量；单个原子——不可思议地小；粒子的数目——不可思议地大；原子和分子有多大；原子世界摄影游。

7.3　化学中的基本规律（质量守恒）。实验：化学中的基本规律。

7.4　元素符号和比例式。附录：从结构模型到比例式。

7.5　分子——互相连接的原子。附录：化学反应和原子守恒。概要：原子模型——粒子模型。

7.6　反应式——用化学式来表示反应方程式。计算举例。概要：从化学式到反应方程式。

基础知识：原子和物质的结构。知识的检验。知识的来龙去脉。

化学是从分子—原子层面上研究物质的科学。对于化学中最重要的概念——原子，教材不吝篇幅，用大量的事实性、趣味性知识来说明原子的质量、体积、数目等参数，帮助学生完成从直观形象思维向抽象逻辑思维的升华。在《今日化学 S I 》教材中，既介绍了离子键、共价键、氢键、范德华力之间的相互作用,还从元素周期律的角度叙述了元素的电离能、电负性等衡量元素性质的标尺,对酸碱质子理论、晶格能等也作了简介。在阐述这些理论时,多从实验事实或生活现象出发,用理论来帮助解释问题,有水到渠成之感。对理论的介绍也不追求一步到位、正确全面,而是按照人类的认识规律,由粗浅到清晰,逐渐深入。

（二）突出研究方法指导

"方法"其本意是"沿着某一道路"或"按照某种途径",后者意指达到某目标或做某事的程序或过程。达尔文曾说过:"最有价值的知识是关于方法的知识。"在自然科学的发展过程中积累了很多独特的研究和学习方法,如实验的方法、模型的方法,等等。它不仅包括实践活动的技能和方式,更重要的还有思维活动的技能和方法。著名科学哲学家皮尔逊多次强调:"科学方法是通向整个知识区域的唯一门径。"

对于化学学科来说,方法是化学发现的手段、化学知识增长的杠杆、化学理论建立的工具。如果让学生了解这些方法,在学习上可以少走弯路,达到事半功倍的效果。《今日化学ＳⅠ》十分注重方法的介绍,特意设立了"方法"栏目,而且在其教材所有栏目中,"方法"出现数目最多,尤其在开始阶段,在章节内容出现之前,首先出现的是"供给实验的仪器。方法:安全进行实验。方法:正确地清除废物。方法:正确理解作业。方法:利用文献工作"。做到了欲善其事先利其器。

从第1章第1节的内容设置中,我们同样看到了编写者对方法的重视,第1章第1节的标题是"化学是什么?",其具体栏目如下:"方法:正确地做实验。方法:正确进行测试。方法:自然科学家是怎样工作的——从观察到理论。实验:红甘蓝还是蓝甘蓝。实验:煤气灯的使用。"

下面以"方法:思路图"为例说明《今日化学ＳⅠ》教材是如何进行方法指导的。

常常要对某一课题中各种思路或对广泛收集的概念进行条理清楚的整理,这时可以采用两种方法:思路图和概念图。(教材下一页即介绍概念图的方法,此处略)

思路图可以用来收集各种思路或写成一个概要。

建立思路图时可以从中心概念(如物质)开始,然后照下面的方法进行。

在一张白纸中间画一格写下概念。

想出与这一课题有关的重要观点,把它们排列在中心概念周围的格子中,并用线条把这些格子联络起来。这些连线也叫做主枝。

写出与各个观点有关的概念,把它们排列在相应的格子里,并把它们用称为从枝的线与观点相联结。

补充别的概念,考虑是否把它们与一个新的主枝或一个从枝相连。如果有必要,就采用进一步的分枝。

总的概要图(见图4-2,彩图见附录)可以用不同颜色的笔标注而得到改进。

作业:(1)进一步扩大图4-2所示的思路图。

　　　(2)用"化学工业中的行业"作思路图。

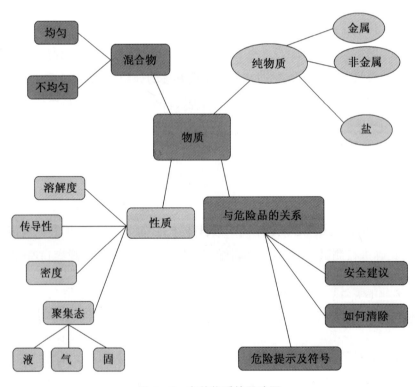

图4-2　有关物质的思路图

方法既是一种知识,也是一种能力,是千百年来人类文明的精华。学习科学的目的不仅是获取知识，更重要的是获得一种认识复杂问题的方式，为终身学习奠定坚实的基础。《今日化学ＳＩ》将策略性知识显性化，让学生先知道，后模仿，再内化，可以让他们充分认识到方法策略的重要性，在处理问题时首先想到选择正确的方法，从而避免南辕北辙的悲剧。

（三）强化社会实践应用

科学是观念和实践的统一，各个国家的课程标准都十分关注学生对知识的运用，而不单单是让学生知道或理解些什么。化学在日常生活和工业生产中有着十分广泛的应用。化学及相关产业的大力发展，极大地丰富了人类的物质生活，使人类的衣食住行的水平大为提升，但同时也带来了一些新的困惑，如环境、能源等问题。将日用化学和化学技术引入教材，不仅可以为学生提供检验和运用科学知识的情境，使其体验将科学运用于解决实际问题的乐趣，从中领悟到科学、工程技术的不同之处以及它们之间的相互联系，还可以让学生在解释和解决问题中获得对知识更深层次的理解，为他们进一步的学习打下坚实的基础。

《今日化学ＳＩ》十分重视化学知识在生活和生产中的应用。如：在"混合物的分离"内容中选取了"咖啡的制取——一种工业分离过程"和"兴奋剂的检验——层析的应用"的应用实例；在讲述化学反应时首先从日常生活中的化学反应入手，在学习氧化反应时引用了"烧烤聚会中的科学观察"；在"火灾与灭火"中介绍了"灭火—营救—救援—防护"的内容；在讲述"金属的性质"时附上了"欧元钱币"和"锈蚀付出的代价以百万计"的相关资料；"艺术家和工匠用酸溶液和碱溶液工作""龋齿——牙齿的酸蚀"以及"金属硫化物——艺术家的颜料和化妆品"为酸、碱、盐的性质及应用作了诠释。

《今日化学ＳＩ》不仅在介绍相关知识时注重其在生产和生活中的实际运用，还在第14章"日常生活和工业上的化学"集中介绍重要的化学工业及日用化学知识。具体内容如下。

14.1　从原料到最终产物。

14.2　从硫到硫酸。

14.3　酸雨——化学化解难题。化学—检索：硫酸盐。实验：硫酸盐的制备和性质。

14.4　从未加工的磷酸盐到磷酸;化学—检索:磷酸盐在生物学上的重要性。实验:磷酸盐。附录:化学解决氮的问题。

14.5　氨的工业生产,哈伯—博施法。

14.6　从氨到硝酸。实验:硝酸和硝酸盐。

14.7　氮循环。

14.8　化学与农业——肥料。项目:土地和肥料。

14.9　水的硬度。附录:家用软水。附录:钟乳石洞。

14.10　灰浆。

基础知识。知识的检验。

科学技术的迅猛发展,改变了人们的日常生活,人们面临着各种新技术的挑战,技术理念也应运而生。对实际化工生产流程的学习,可以让学生了解到对于科学的新见解——科学研究常常催化出新技术的产生及其应用;反过来,新技术也为新的科学研究提供了机遇。目前,化学为解决能源、粮食、材料等问题做出了巨大的贡献,但其自身声誉却不佳,很多人将环境问题全归咎于化学。《今日化学SI》教材中"酸雨——化学化解难题"指导学生客观地认识这一问题:酸雨是人类过分享乐(如机动车大量使用、矿物燃料大规模使用)造成的,并不是化学的错,而化学科学为解决这一问题提供了很多有用的措施(如燃料脱硫、机动车尾气催化等)。这为学生正确认识科技提供了良好的范例。

二、对我国化学课程的借鉴意义

(一) 理论学习要螺旋化

化学概念和化学理论的重要性人尽皆知,一些重要的概念和理论不仅是构建化学知识网络的关键节点,更是进一步理解和学习化学知识的工具。国内教材在介绍化学概念和化学理论时,一般十分注重其科学性。这样,使学生在接触化学学科伊始,就得跟一大堆生疏的名词打交道,令人望而生畏,甚至个别学生因此失去了对化学的兴趣。其实,化学概念、理论的形成都有一个历史过程,是逐渐完善的。我们在介绍这些概念和理论时,可按照人类的认识史,螺旋上升,不必一步到位。如《今日化学SI》在第一次介绍原子概念时,使用了道尔顿的原子论:原子是一个实心球。在后续的章节中,当学生的知识积累已经到位时,再轻松地指出:道尔顿的原子论是有瑕疵的……它对元素周期律的介绍也是螺旋递进的。这样,学生就不会因为化学概念的严谨和化学理论的厚重而畏惧化学。

(二) 方法指导应显性化

我国实施新课程方案以来,化学教育工作者对策略性知识的重要性有了明确的认识,教材中也有所体现,如初中化学教科书开篇章节均有"如何学好化学"的方法指导。但从整体看,方法指导所占的篇幅不多,说法较笼统,不够具体明了。对于化学启蒙教材,应清楚明白地指导学生如何学习化学。如:在技能方面,可有"正确进行实验""看图和制图""如何应用文献"等方法指导;在实验方面还可具体到"如何安全实验""如何处理废物""如何记录""如何分析误差"等;在学习方法方面,"正确理解作业""思路图""概念图"等指导方法值得借鉴。应增加教材中策略性知识所占比例,并使之显性化,如同路标一般,在需要时就出现在学生攀登书山的路上,指引方向。

(三) 产业介绍可生态化

两国化学教材均十分注重介绍化学知识在生产生活中的应用,但相比较而言,国内教材多从化学视角选取素材,描述性介绍较多。而德国教材多用公民的视角看问题,原生态的内容更多。如"金属硫化物——艺术家的颜料和化妆品""咖啡的制取——一种工业分离过程""用贝壳来检验水质""烧烤聚会中的科学观察""家务中的化学""乙醇——是享乐品吗?""从油菜到生物柴油",这些富有生活情趣的应用,使化学知识、化工产业更具生态性,也更易被学生接受。

另外,《今日化学SI》在注重学科融合、重视实验规范、提倡健康生活理念、倡导交流与合作等方面也有较好的示范,较全面地体现了提升科学素养的要求,值得借鉴和参考。

第三节 德国中学化学教材的编写特点及其启示
——以"化学反应速率"专题为例

德国初、中等教育实行的是传统的"三分制教育模式",即分为小学阶段、中学第一阶段(SⅠ)、中学第二阶段(SⅡ)。化学基础教育课程设置安排在SⅠ后阶段和SⅡ阶段。"化学反应速率"专题是德国主流的化学教科书《今日化学SⅡ》主题单元之一,授课时间一般安排在SⅡ阶段11年级(相当于国内高二)。本节首先简介德国《今日化学SⅡ》"化学反应速率"专题知识内容的"知识结构",再从"素材选取"和"实验选编"两个角度对该专题的编写作具体分析。

一、知识系统的结构化

德国教材"化学反应速率"专题,包括"化学反应速率概念"和"影响化学反应速率的因素"两大核心知识内容。具体涉及概念、理论、实验和生活生产应用等几个方面,见图4-3知识框架结构。

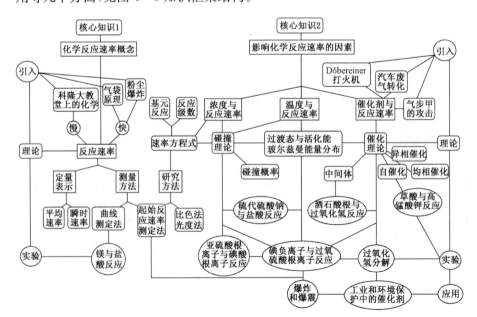

图4-3 德国教材"化学反应速率"专题知识框架结构

由以上知识结构框架可见,德国教材在专题的编写中知识系统性强,利于学生从整体上把握学科知识。化学基础知识包括相关符号、概念及规律。从化学反应速率概念的编写可见,教材从定性描述转到定量研究,在定性描述反应快慢现象的基础上阐述了反应速率的定量测定。

对化学反应速率影响因素规律的编写,全面而且深入。一方面,教材涉及了浓度、温度、催化剂三个因素的分析,和国内教材相比,似乎缺少了对压强因素的分析,其实,有气体参加的反应,其压强的影响实质上可归结为浓度的影响。因此,就浓度、温度、催化剂三个角度进行反应速率影响因素的分析不仅是全面的,而且不易让学生在学习过程中产生混淆。另一方面,教材对具体每一影响因素的理论分析十分深入,利于学生对规律的理解:对于浓度因素的影响,从定性的规律介绍到定量的速率方程式;对于温度因素的影响,分析了能量分布、碰撞理论和过渡态理论;对于催化剂因素的影响,阐述了催化反应理论。

二、素材选取的生活化

浏览德国教材"化学反应速率"专题内容,其中丰富的生活素材能让学生感悟到化学学科知识与生活的直接联系,使学生产生强烈的求知欲。详见表4-1。

表4-1 德国教材"化学反应速率"专题选取的生活化素材一览表

生活化素材内容	教材中作用
火柴在几分之一秒内着火;蒸煮或烘烤时,新的物质生成的时间以分或小时计;自行车锈蚀则要一年时间	专题"标题"引入——化学反应有快慢
科隆大教堂上的化学、汽车气袋、粉尘爆炸相当于20吨炸药、汽车上的废气催化剂、气步甲(甲虫)的防御性(过氧化氢酶的作用)、Döbereiner打火机(铂催化)、诺贝尔奖授予破译合成氨催化反应过程的学者	专题"内容"引入——浓度、温度和神奇的催化剂对化学反应的影响
果仁巧克力用的色素	
爆炸和爆震介绍	
淀粉在无机酸存在下能够分解成葡萄糖、烘面包时要加曲子、酵母用来制作酒精饮料	催化剂概念的引入

续　表

生活化素材内容	教材中作用
80％的化学工业产品是让催化剂负载在表面积很大的载体上，将原料连续不断地通过催化剂生产出来的	催化剂原理的引入
常温下过氧化氢酶分解生物体内细胞毒素（过氧化氢）	生物催化剂——酶的意义
化学—检索：工业上和环境保护中的催化剂 节约能量：氨在铂铑网上进行催化氧化得到的二氧化氮用于硝酸的制备；用铁作催化剂使氮和氢的混合物在高压下反应合成氨 节约原料：生产增塑剂、染料的重要原料邻苯二甲酸酐的合成，用五氧化二钒（V_2O_5）作催化剂产率可从以前的15％上升到80％以上	催化反应的工业价值

案例：

专题"内容"的引入——浓度、温度和神奇的催化剂对化学反应速率的影响

应用的生活素材：科隆大教堂上的化学、汽车气袋、粉尘爆炸、汽车上的废气催化剂、气步甲（甲虫）的防御性（过氧化氢酶的作用）、Döbereiner 打火机（铂催化）、诺贝尔奖授予破译合成氨催化反应过程的学者。

具体的编写片段：

片段1：气袋（见图4-4，彩图见附录）

在发生事故时，气袋应当以最大的速率吹起来。之前常用的是氢化物气体发生器，后来是把气体储存在压力容器中来代替。压缩气体含98％氩和2％氮，压强为240 Pa。开启气袋时，有动力燃料将封闭压力容器的膜打开，气体就涌入气袋中。因气体从压力容器中涌出时温度会降低，故需要少量固体燃

图4-4　气袋

料来加热，以免储存器出口结冰。由碰撞传感器把一个固体推进装置点着，其中的叠氮化钠自动分解，产生的气体的温度高达400～500 ℃。

片段2:气步甲(见图4-5,彩图见附录)

气步甲具有一个令人印象深刻的防御系统:在它的后腹部有两个腺体,一个生产氢醌,一个生产过氧化氢。当气步甲感到受威胁时,这两种物质就被压入前部的反应室中,那里有过氧化氢酶,从而引发剧烈的化学反应,释放出大量的热。最终,在气压的推动下,从它的后腹部喷射出热气流,从而吓退敌人。

图4-5　气步甲

以上丰富的生活素材的选取和使用,真正实现了《普通高中化学课程标准(实验)》所规定的"从学生已有的经验和将要经历的社会生活实际出发,帮助学生认识化学与人类生活的密切关系,关注人类面临的与化学相关的社会问题,培养学生的社会责任感、参与意识和决策能力"。

三、实验功能的完整性

实验是化学学科的基础知识内容和基本学习途径。以化学实验为主的多种探究活动,可以使学生体验科学研究的过程,激发学习化学的兴趣,强化科学探究的意识,促进学习方式的转变,培养学生的创新精神和实践能力。德国教材通过精选典型的实验素材,关注实验过程、实验方法的规范引导,对实验结果的多元分析,体现了对实验功能完整发挥的重视。下面笔者借表4-2呈现德国教材关于"化学反应速率"专题选编的实验及其用途,从实验内容选取、实验方法引导与实验结果分析三个方面就德国教材在实验功能的完整性方面作简要分析。

表4-2　德国教材有关"化学反应速率"专题选编的实验及其用途

核心知识	实验名称	实验用途
反应速率的概念	盐酸与大理石的反应	得出化学反应速率的概念
	镁与盐酸的反应	测定一定时间生成氢气的体积,将其换算成$c(HCl)-t$关系图,借助曲线测定反应速率
浓度对反应速率的影响	$S_2O_8^{2-}$与I^-反应	改变$S_2O_8^{2-}$与I^-的浓度,得出$v-c$关系
	硫代硫酸钠与盐酸反应	改变硫代硫酸钠的浓度,画出$v-c(S_2O_8^{2-})$关系图,并写出$v-c$关系式

核心知识	实验名称	实验用途
	五氧化二氮的分解	阐述基元反应与速率方程式
	碳酸氢钠与盐酸反应	改变盐酸的浓度，得出 v-c 关系
温度对反应速率的影响	$S_2O_8^{2-}$ 与 I^- 反应	改变温度 T，得出 T-v 关系
	硫代硫酸钠与盐酸反应	改变温度 T，得出 T-v 关系；画出 $1/t$-T 关系图，得出温度升高 10 K 时 Δv 的平均值
	$S_2O_8^{2-}$ 与 IO_3^- 的反应	改变温度 T，得出 T-v 关系
	高锰酸钾与草酸的反应	改变温度 T，得出 T-v 关系
催化剂对反应速率的影响	$S_2O_8^{2-}$ 与 I^- 反应	验证铜离子对该反应的催化作用
	过氧化氢的催化分解	通过生土豆、熟土豆做对比实验，验证过氧化氢酶对该反应的催化作用
	高锰酸钾与草酸的反应	设计添加硫酸锰对比实验验证 Mn^{2+} 的自催化作用
催化剂对反应速率的影响	过氧化氢氧化酒石酸根离子的反应	验证过氧化氢氧化酒石酸根反应过程里中间体的存在
	过氧化氢分解	验证 Fe^{3+}、MnO_2 对该反应的催化作用

（一）实验内容的选取

仔细研究德国教材关于实验内容的选取，能发现以下两个特点。

一是选编实验依托的化学反应类型多。除引用常见的化学反应（如金属与酸反应、大理石与盐酸反应、过氧化氢分解、碳酸氢钠与酸反应、硫代硫酸钠与酸反应等）以外，德国教材还选编了碘负离子与过二硫酸根离子、亚硫酸根与碘酸根离子等相对复杂的化学反应，使学生在学习学科理论知识的同时积累了化学反应知识素材，拓宽了视野。

二是选编实验依托的化学反应典型性强。高锰酸钾在反应前后有明显颜色变化，因此，酸性高锰酸钾与草酸反应是教材编写者比较青睐的一个化学实验。德国教材对该反应设计的实验是：（1）在试管中加入 5 mL 含硫酸的草酸溶液。加入两滴高锰酸钾溶液，并测量它褪色的时间。（2）再加两滴高锰酸钾溶液，并测量它褪色的时间。（3）在 5 mL 草酸溶液中加入一滴硫酸锰溶液后重复以上实验。该实验的设计不仅利用了该反应的颜色变化，更重要的是

利用了该反应产物 Mn^{2+} 对反应有催化作用。学生通过(1)、(2)两步实验,会意外发现在草酸浓度减小的情况下竟然反应更快,产生思维矛盾的碰撞。再通过第(3)步实验,学生会继续产生疑惑,为何产生与原来不同的情况:在事先加了 Mn^{2+} 的情况下,一开始就反应很快,然后反应有所减慢。这样,学生就能在矛盾冲突中擦出智慧的火花——该反应的特点是 Mn^{2+} 的自催化作用。

(二) 实验方法的引导

"最有价值的知识,是关于方法的知识"。实验是加强科学方法教育的有效途径。德国教材实验编写中对方法引导的规范化主要体现在指明每一种实验仪器的规格、药品的浓度、实验步骤、操作方法。

例如"浓度对反应速率的影响——硫代硫酸钠与盐酸反应"实验的编写。

(1) 材料:水浴装置,烧杯(800 mL,广口),秒表,温度计,画有十字的白纸,量筒(50 mL),硫代硫酸钠溶液(0.1 mol·L^{-1}),盐酸(2 mol·L^{-1}),冰。

(2) 步骤:① 在锥形瓶中将 20 mL 硫代硫酸钠溶液与 30 mL 水混合。

② 用塑料注射器将 5 mL 盐酸加入混合物中,同时启动秒表。立即把锥形瓶放在白纸的十字形上,到看不见十字形时计时。测定混合物的温度。

③ 在 30 ℃ 和 40 ℃ 下重复实验。将硫代硫酸钠和水的混合物用水浴装置加热,使其达到相应温度。

对速率与浓度的关系实验,教材以表格形式指明不同浓度反应混合液的配制方法(见表 4 - 3)。

表 4 - 3 不同浓度的硫代硫酸钠与盐酸反应混合物的配制

实验	$Na_2S_2O_3$ 溶液	水	盐酸
1	50 mL	—	5 mL
2	40 mL	10 mL	5 mL
3	30 mL	20 mL	5 mL
4	10 mL	40 mL	5 mL

化学实验讲究客观性与科学性,德国教材对实验材料、步骤规范性的编写,促进了学生形成严谨、求实的科学态度;德国教材对控制条件变量、设计对比实验的方法引导,让学生从中习得化学实验探究的具体方法,形成严谨规范

的科学素养。

(三) 实验结果的分析

德国教材关于实验编写的另一个亮点是对实验结果进行科学的定性、定量分析,既能彰显化学学科特点,又能应用数学、物理等相邻的理科已有知识进行全面多样化的分析,充分体现科学知识获得的严谨性、科学知识应用的融合性。下面以"化学反应速率的测定"和"浓度对反应速率的影响"两个实验为例加以说明。

"化学反应速率的测定"实验中,教材借用"锌与盐酸的反应",将足量的锌与一定浓度的盐酸溶液反应,用秒表记录每生成一定体积氢气的时间。对该实验的处理分析包括数据处理、图像分析和理论阐述三个过程。(1)实验数据图像化:根据生成的氢气体积算出盐酸和氯化锌的浓度变化,已知盐酸起始浓度,得到反应过程中盐酸和氯化锌的浓度,画出生成 H_2 的体积随时间变化的曲线,画出盐酸和氯化锌浓度随时间变化的曲线,如图 4-6。(2)数学图像意义化:从盐酸浓度与时间的曲线上测定用盐酸浓度变化表示的反应速率,如图 4-7。在时段 Δt 内计算出浓度差与时段的商 $\Delta c/\Delta t$,得到这一时段的平均速率 $\bar{v}$,它相当于浓度—时间图上割线的斜率。(3)速率概念引申化:借助图像进一步说明,当选用的时段越来越短,最后割线就变成切线,切线的斜率即瞬时速率,相当于 Δt 趋近 0 时平均速率的极限值。

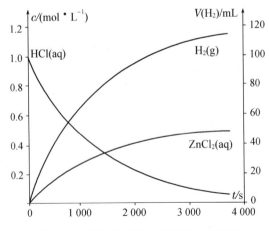

图 4-6   锌与盐酸反应的浓度—时间图

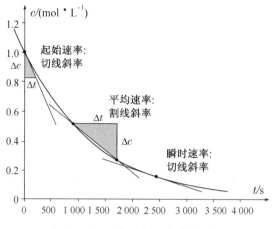

图4-7　从曲线上测定反应速率

再如前面提到的"浓度对反应速率的影响——硫代硫酸钠与盐酸反应"实验,同样包括了数据处理、图像分析、理论阐述几个过程。(1)数据处理:将实验所测得反应时间的倒数对过二硫酸根离子的浓度作图,得到一条通过坐标系原点的直线。(2)图像分析:因为实验控制每一次浓度的变化 Δc 都相同,出现蓝色所需要的时间 Δt 与速率 v 成反比,因此时间的倒数对过二硫酸根离子的浓度关系图即可理解为反应速率 v 与浓度 c 的关系图;图像是通过原点的直线,因此反应速率与过二硫酸根离子的浓度成正比;同法得出反应速率与碘离子的浓度成正比。(3)理论阐述:一个数值与其他两个数值都成正比,也与这两个数值的乘积成正比,从而阐明可以用反应速率方程式来描述反应速率与两种原料的浓度之间的关系:$\bar{v}=kc(S_2O_8^{2-})\times c(I^-)$。

德国教材对"化学反应速率的测定"和"浓度对反应速率的影响"实验的编写,借助实验分析,从反应有快慢、浓度越大反应越快等定性描述上升到平均速率、瞬时速率和速率方程式等定量表述,不仅体现了一定的学科知识理论高度,帮助学生通俗直观地理解概念和规律,而且让学生感悟了基础学科数学图像法在自然学科化学分析中的应用,习得了科学的数理结合的实验分析方法。

四、启示

德国教材一方面注重知识的系统性、理论的完整性和学科问题的深入性,另一方面又十分注重知识载体的生活化,且能用好用足化学学习中最为重要的实验。

认知心理学认为,只有组织有序的知识才能在一定的刺激下被激活,在需要应用时才能被成功地提取。越是概括化、结构化的知识,越是具有迁移价值,这样的知识更容易转化为学生的能力。所以,帮助学生实现知识结构化是目前中学化学教学的重要任务之一,而知识结构化的策略是中学化学教育工作者研究的方向之一。

其次,我们一直在提倡和追求"由生活走向化学,由化学走向社会"的课程理念,但是,在生活素材的发掘方面依然是不敢恭维的。分析德国教材,能让我们真正体会如何从现实生活中充分发掘素材,从而贯穿教材的所有内容。例如对催化剂与反应速率内容的编写过程中,引入催化剂使用副标题——"时间和能量的节约"、指出80%的化学工业产品借助催化剂生产、阐述过氧化氢酶催化作用的生理意义——常温下促进生物体内"细胞毒素"过氧化氢的分解、列出化学—检索"工业和环境保护中的催化剂"体现催化反应的工业价值等。德国教材通过化学与生活、生产、社会的联系,让学生感悟化学技术是发展人类文明的强大动力,从而产生"认识现象背后原因和规律"的欲望,有利于学生对化学学科价值的肯定和内化。

再者,我们对化学实验是化学学习的主要内容和途径都坚信不疑,但是如何用好用足实验仍然是我们化学教育工作者需要不懈努力的方向。从德国教材中我们可以学习到,精选什么样的实验更具典型性,进而能让学生体会抓住不同反应差异进行实验研究的方法。例如,通过酸性高锰酸钾与草酸反应实验的设计,说明了一些化学反应存在自催化现象。"自催化作用"是催化反应的一个重要的组成部分,德国教材充分挖掘了酸性条件下高锰酸钾与草酸反应的典型特征,将催化剂对化学反应速率的影响作了更全面直观的阐述。从实验目的达成的角度看,德国教材对该反应的选用更具不可替代性,从实验方法利用的角度看,学生习得了通过挖掘反应特点进行实验分析的学科研究方法。另外,实验过程和结果的分析是化学实验的一个重要环节。一个完整的实验,包括提出问题、设计、操作、数据分析和理论解释。整个过程蕴含着丰富的科学方法,如比较、分类、分析、综合、推理、归纳、演绎等。这一点也是我们在教材编写及教学设计中尤其要注意的。

第四节 德国高中教材《今日化学SⅡ》中"塑料"一章的特色及启示

德国凭借先进的科学技术推动社会经济迅猛发展,德国制造以其"安全、可靠、耐用、务实、精密"等特征闻名于世。德国的先进富强,技术是关键,教育是基础。德国高中化学教材《今日化学SⅡ》充分体现了德国人求实的教育理念,现以"塑料"一章为例,剖析其在内容体系、编排方式等方面的特色,从而借鉴其成功之处,整合我们的教材资源,更好地推进教学改革,全面提高化学教学质量。

一、德国教材的内容及特色

(一) 德国教材的内容

德国教材《今日化学SⅡ》在第14章以"塑料——有多方面用途和有效率的物质"为题介绍了有机高分子材料,现将这一章的内容及编排方式呈现如表4-4。

表4-4 《今日化学SⅡ》"塑料"一章的内容及编排方式

栏目	节	附录	实验	化学—检索	概要
内容	1 结构决定性质	—	—	—	—
	2 塑料是怎样生成的	—	—	—	—
	3 聚合	聚合工艺	—	—	—
	4 聚乙烯和聚丙烯	齐格勒—纳塔催化剂	—	—	—
	5 共聚物	—	聚合反应	—	—
	6 从生橡胶到汽车轮胎	轮胎的历史	—	—	—
	7 缩合聚合	从塑料到光学记录媒体	缩聚反应	纤维和薄膜	—

栏目	节	附录	实验	化学—检索	概要
	8 聚硅氧烷——用沙子的塑料	—	—	—	—
	9 加聚反应	颜料和涂料；为什么汽车很少生锈	—	—	工业有机化学：从石油到快速黏结剂
	10 复合材料和聚合物合金	—	—	特殊塑料	—
	11 塑料是有价值的物质	能生物降解的塑料	聚硅氧烷及功能材料	—	—

(二) 特色

1. 重视应用型知识

塑料属于化学知识中应用背景很强的内容，教材中对塑料这一部分内容的处理体现了编写者对化学知识应用的重视程度。《今日化学 SⅡ》用整章篇幅介绍以塑料为代表的有机高分子材料，包含有机高分子化合物的结构特征，如何合成有机高分子材料，常见有机高分子材料的性质、用途及合成方法，高分子化学的发展史等，充分突出了有机高分子化合物用途多、效率高一主题。本章还有加聚反应、缩聚反应、聚硅氧烷及功能材料 3 大实验专题，每个实验专题中包含 3～4 个独立的实验，帮助学生从实践层面深化理解高分子材料的知识。如缩聚反应实验专题包含由 AH 盐（己二酸己二胺盐）合成尼龙 66、界面缩聚、ε-己内酰胺合成尼龙 6 和氨基树脂的合成 4 个实验，学生通过对常见有机高分子材料的实验合成，可以掌握合成这些材料的方法和反应原理，既知晓了常见高分子材料的生产原料和生产方式，又加深了对有机高分子材料的结构、性能和用途之间关系的认识。

本章中还以附录的形式介绍了聚合工艺、齐格勒—纳塔催化剂等与应用密切相关的知识，以化学—检索的形式让学生了解纤维、薄膜和特种塑料等生活中应用广泛的高分子有机化合物，以概要的形式介绍工业有机化学：从石油到快速黏结剂。教材从篇幅比例、内容覆盖面、知识的深度和广度等多方面强化了以塑料为代表的有机高分子材料方面的内容,体现了对应用化学知识的重视。

2. 细化技术性内容

在传统的知识结构中,人们认为科学知识比工程技术更重要,要求在基础教育阶段更多地学习基础的科学知识,而把工程技术型知识放在高等教育或今后工作实践中学习。但随着当代技术的迅猛发展,人们认识到,与科学一样,技术也是人类的重要活动之一,它在受到科学发展影响的同时,也影响着科学的发展。技术不再是科学的附属物,而是独立的、与科学平等的事物,工程技术教育应与科学教育同步而行。

《今日化学 SⅡ》在塑料这一章的内容选择中十分重视技术的介绍。如在介绍聚四氟乙烯等特殊塑料时不仅介绍其结构、性质、用途,还介绍了它的商品名称——特氟隆(Teflon®)和赫司特氟隆(Hostaflon®),体现了对技术的尊重。又如,对聚丙烯腈的介绍如下:"第一次实现丙烯腈的聚合是在 1930 年初。由于聚合反应控制得不正确,起初产品没有工业价值。此外聚丙烯腈的加工也是一个难题,因为它的熔化区域在分解温度之上。因此探索用溶液进行加工。经过多年试探以后才发现在二甲亚砜溶液中能纺出聚丙烯腈纤维。这才使这种最重要的人造纤维的生产成为可能。现在聚丙烯腈纤维以奥纶(Orlon®)、德绒(Oralon®)和阿克利纶(Acrilan®)等商标出售。"这样的行文可以帮助学生了解突破技术难点的方法以及技术在生产生活中的重要性,将科学的抽象化、理论化与技术的具体化、操作化真正结合起来。

汽车工业是德国的传统工业,汽车外壳的涂层属于高分子材料。教材不是简单地介绍这一技术,而是在附录"汽车为什么很少生锈"中,利用图片(见图 4 - 8,彩图见附录)和文字详细地说明了工艺过程及原理,在图片中精确地标注出每一覆盖层的厚度,体现了对技术细节的尊重。在文字说明中亦详细说明原料、操作规程及作用,如上填料漆的说明为"电浸漆层上凹凸不平的地方由下一步上的填料漆抹平。有弹性的填料漆层可防止小石子或其他碎片的撞击。填料中有作为黏附剂的聚酯或聚氨基甲酸酯和作为填料的滑石粉、高岭土或白垩土,以及颜料。填料漆是用自动的喷涂装置涂上去的,并在 170 ℃硬化"。通过图片和文字介绍,学生对汽车防锈的原理有了较为深入的了解,有助于学会运用所学知识对与化学有关的技术问题作出合理的分析,强化应用意识和实践能力。

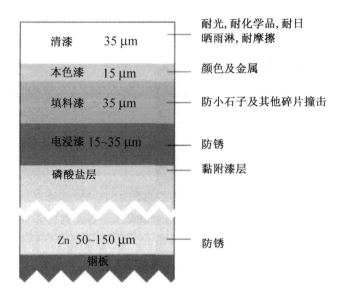

图 4 - 8   汽车的表面处理

教材中的实验体现了应用技术的重要性。如"聚硅氧烷及功能材料"中有如下几个小实验:用聚硅氧烷来制一种物件的模型,超级吸收体的泡涨性,超级吸收体与正离子和负离子的作用,用实验的方式了解聚硅氧烷、高吸水性树脂在生活中的应用。同样,在教材的练习中也注意结合生活中的技术问题,如本章练习第 1 题"A1 牙医的自由基聚合"题目要求如下:

牙医用塑料补牙时,用一种即时使用的软膏来堵塞牙齿上的空洞,然后用紫外光照射,由光聚合使其固化。软膏中有各种各样的双甲基丙烯酸酯作单体,例如三乙二醇甲基丙烯酸酯,此外软膏中还有含量高达 70% 的粉末状石英作填料,二氧化钛作颜料,增塑剂、樟脑醌作光敏性物质。

(1) 用紫外线照射时,樟脑醌分子分解生成自由基 R· 而引发聚合,写出总反应式及链反应的反应式。

(2) 不能用甲基丙烯酸甲酯作单体,因为聚合反应会使其收缩约 21%,列举塑料补牙的要求并说明如何达到这些要求。

(3) 说明为什么软膏中单体、引发剂的混合比要准确。

(4) 聚合反应也可以用过氧二苯甲酰引发,这样做有什么缺点?

通过这些实例,学生可以了解到现代化学发展和应用的趋势,知晓在应用科学知识时必须考虑多方面因素,对自己所学的知识能够获得深层次和有意义的理解,学会解释问题、解决问题,为进一步学习打下坚实的基础。

3. 强化理论性知识

在很多教材中,理论性的知识往往介绍得比较肤浅,但《今日化学 SⅡ》中对很多基础性知识介绍得十分系统,内容丰富且有深度。第 2 节"塑料是怎样生成的"介绍了聚合反应的种类;第 3 节"聚合"中介绍了自由基聚合反应的机理——聚合反应可以分为三个分反应,即链引发、链反应本身和链终止,并以苯乙烯的自由基聚合反应为例详细描述了聚合反应的过程。由此可见,教材对于有机高分子化合物的聚合机理等理论性知识十分重视。

练习题也体现出教材对于理论性知识的关注,第 7 节"缩合反应"的练习要求学生熟练掌握常见缩聚反应原理、化学方程式以及结构与性能的关系,难度超过国内教材。其内容如下:

(1) ① 写出对苯二甲酸与甘油起缩聚反应的方程式。② 说明产物的性能。

(2) 由顺丁烯二酸、乙二醇和苯乙烯得到硬塑料。写出所起反应的方程式。

(3) 写出双酚 A 与光气起缩聚反应的方程式。

(4) 有一系列化合物:甲醇、乙二醇、丙酮、甲醛溶液、乙酸、丁二酸、1,2-二氨基乙烷、氨基乙酸、尿素。① 哪些化合物适于用来合成聚酰胺?② 写出相应的反应方程式。③ 写出两个可能的聚合物的分子片断。

(5) ① 写出生成 AH 盐的反应方程式。② 画出拉伸后的聚酰胺纤维的结构片断。

教材对有机高分子化合物的结构及相关的化学反应原理的重视,在实验中也得到充分体现。"聚合反应"实验篇幅中,包含苯乙烯的聚合、苯乙烯与顺丁烯二酐的共聚、有机玻璃的生成、光聚合反应 4 个反应,既帮助学生理解常见的聚合反应类型,掌握常见塑料的合成原理,又帮助学生了解光聚合等聚合反应方式。

《今日化学 S II》特别注重高中化学课程的理论性,对于化学学科的核心概念和基础知识阐述得很到位。曾有人说过,德国的高中相当于其他国家的大学教育,由此可见德国高中教材知识既有深度也有广度,由"塑料"一章可见一斑。也许,这就是数百年来德国科学家荣获诺贝尔科学奖人数占总人数近半的基础。

二、《今日化学 S II》给我们的启示

自新课标实施以来,新教材在各地陆续使用,更新了教学的理念,推动了教学的改革与创新,但也出现了一些问题:如何让学生更好地适应现代生活和未来发展? 必修模块如何与选修模块更好地整合? 如何将新课程提倡的技术思想与学科原有知识体系有机融合? ……他山之石,可以攻玉,德国高中化学教材《今日化学 S II》"塑料"一章的编排内容、思路和方式可给我们提供一些有益的启示。

(一) 整合模块内容,强化应用性知识

英国皇家学会主席托德教授曾说过:"化学所做的最大贡献也许是聚合的发明与发展,因为它对我们的日常生活产生了最大的影响。如果没有人工合成的纤维、塑料、弹性体等高分子材料,这个世界将完全不同。"事实上高分子产业是世界第二大工业,我们每个人所使用的高分子材料超过其他所有材料的总和。普通高中化学课程标准提出:从学生已有的经验和将要经历的社会生活实际出发,帮助学生认识化学问题与人类生活的密切联系,关注人类面临的与化学相关的社会问题,培养学生的社会责任感、参与意识和决策能力。因此,应该提高以有机高分子材料为代表的应用性知识在化学教材中的地位。

《今日化学 S II》是整本一体化教材,而我国普通高中化学课程标准规定高中化学课程由若干课程模块构成,分为必修、选修两类。其中,必修包括 2个模块,选修包括 6 个模块。合成有机高分子化合物的内容也分散在必修和选修不同模块中。现以人民教育出版社出版的高中化学教材(简称人教版)、山东科学技术出版社出版的高中化学教材(简称鲁教版)、江苏教育出版社出版的高中化学教材(简称苏教版)为例,将教材中有关塑料等有机高分子材料的内容的呈现方式整理在表 4-5 中。

表 4-5 国内主流教材中有机高分子化合物内容的呈现方式

	人教版	鲁教版	苏教版
化学 2（必修）	第 4 章 化学与自然资源的开发利用 4.2 中第 1 部分 2. 以煤、石油和天然气生产合成材料	第 3 章 重要的有机化合物 3.4 塑料 橡胶 纤维	专题 3 有机化合物的获取与应用 3.3 人工合成有机化合物
化学与生活（选修）	第 3 章 探索生活材料 3.4 塑料、纤维和橡胶 第 4 章 保持生态环境中有涉及	主题 1 呵护生存环境中有涉及 主题 4 认识生活中的材料 4.5 几种高分子材料的应用	专题 3 丰富多彩的生活材料 3.3 高分子材料和复合材料
化学与技术（选修）	第 3 章 化学与材料的发展 3.3 高分子化合物与材料	主题 4 化石燃料 石油和煤的综合应用 4.2 源自石油的化学合成 主题 6 化学·技术·社会 6.1 功能高分子材料的研制	专题 3 让有机反应为人民造福 3.4 有机高分子合成另在环境污染的化学防治中有涉及
有机化学基础（选修）	第 5 章 进入有机合成高分子时代 5.1 合成高分子化合物的基本方法 5.2 应用广泛的高分子材料 5.3 功能高分子材料	第 3 章 有机合成及其应用 合成高分子化合物 3.3 合成高分子化合物	无相关主题章节，在烃、醛、酸中有涉及

从表 4-5 中可知，各版本教材在必修课程中均安排了合成有机高分子化合物的内容，3 种教材均安排在《化学 2》（必修）较后面的章节，在介绍过有机化学的基础知识后学习有机高分子材料，其中苏教版、鲁教版均是在有机化合物这一章中介绍，人教版则安排在第 4 章"化学与自然资源的开发利用"中"以煤、石油和天然气生产合成材料"进行介绍。各版本均介绍了聚合反应及加聚反应的概念。苏教版还通过甲醛与苯酚的反应介绍了缩聚反应。总体上，必修课程中对合成有机高分子化合物的内容均是简单介绍。3 种版本均在《化学与生活》（选修）、《化学与技术》（选修）、《有机化学基础》（选修）3 个选修模

块中安排了有机高分子化合物的内容。各版本对有机高分子材料的介绍方式和内容有很多共同之处，但在篇幅多少、模块安排等方面各具特色。

学生一般会在 3 个介绍有机高分子材料的选修模块中选学 1 个模块。《有机化学基础》（选修）是理科学生选择最多的模块，一些省份规定此模块是理科化学的必考科目；选择《化学与生活》（选修）模块的是文科的学生；选择《化学与技术》（选修）模块的学生较少。人教版《有机化学基础》（选修）中高分子材料内容篇幅较多，其他两个版本对有机高分子材料的介绍总体相对薄弱，特别是在反应原理、技术细节及实验等方面。另外，选修模块内容各有侧重，在《化学与生活》（选修）模块中侧重有机高分子材料在生活中的应用，而《化学与技术》（选修）中涉及工业生产技术较多，《有机化学基础》（选修）则对化学反应原理比较重视，因此，学生只能接受到某个方面的熏陶。在高中化学课程中设置不同特点的选修模块，原本是考虑到学生个性发展的多样化需要，但因在实施时各模块课程开设难度不同、学校在选择高考选考模块时受趋利心理等影响，《化学与技术》模块几乎无人选择，等同虚设，使原来为强化技术观念而开设这一模块的初衷落了空。建议在今后教材编写以及教学实践中，重新整合必修、选修各模块教材的内容，强化必修课的教学，增加塑料等化学学科应用性知识在必修教材中的篇幅，合理安排选修模块及其相应内容，让每一个学生都能在化学学习中接受到科学理性、生活理念、技术思想的熏陶。

（二）凸显技术理念，细化技术性内容

爱因斯坦曾说过："关心技术在很大程度上是为了抵制科学的退化……（退化为无效果的形式主义）……人们必须使技术成为真正的文化因素，使它的丰富的思想和美学内容更接近于公众的认识水平。"近年来，欧美很多国家修订本国的科学教育标准，其中有一个共同的变化，就是彰显了技术、工程教育的地位，如美国的"下一代科学教育标准"秉承着"工程、技术、科学融合"的核心思想，使工程技术教育与科学教育同步进行，可以让学生更好地走进充满着科技成果的现代社会。

比较德国高中教材与国内高中教材关于有机高分子化合物的内容，发现这些教材都彰显了 STS 教育理念，在介绍科学知识的同时，都重视其技术发展及其在生活中的应用。《今日化学 SⅡ》中"塑料"一章共有 11 节，并有附录

8 篇、实验 3 篇、化学—检索 2 篇、概要 1 篇。这 11 节内容中既包含结构、性质，也包含应用、技术，在"附录""化学—检索"等栏目更多地对有机高分子化合物的应用技术作了较为详细的介绍。国内各版本教材也注重从生活应用出发介绍有机高分子化合物，并利用"资料卡片""科学视野"等栏目介绍相关应用，但内容较少，与知识类内容融合也不够。

图 4‐9 硫化后的橡胶适合制造汽车轮胎

以重要的有机高分子材料——橡胶为例，两国教材均介绍了天然橡胶、重要的合成橡胶种类、橡胶的硫化、橡胶的用途，但叙述的细节不尽相同。制成汽车轮胎是橡胶最重要的用途，一些教材出现了橡胶轮胎的图片，人教版《化学与生活》中的轮胎图片（见图 4‐9，彩图见附录）及配文内容较详细："许多橡胶是线型结构，可塑性好，但强度和韧性差。为了克服这个缺点，工业上常用硫与橡胶分子作用，使橡胶硫化。硫的作用是使线型橡胶分子之间通过硫桥交联起来，形成体型结构，使橡胶具有较高的硬度、韧性，良好的弹性和化学稳定性等。"《今日化学 SⅡ》在"塑料"这章中以第 6 节整节内容介绍"从生橡胶到汽车轮胎"，并附加以"轮胎的历史"为题的附录。在轮胎的制造（见图 4‐10，彩图见附录）中介绍："汽车轮胎的侧面要弹性好，而滚动面却要防滑、耐磨。因此需要不用弹性的橡皮，这可以用不同的合成橡胶品种和硫化时用不同份额的硫化剂来达到目的。"比较这两个图片，可以看出，两幅图均重视技术理念，都介绍了橡胶用于汽车轮胎时要进行硫化等。但人教版的图片注重整体引导，德国教材的图片重视细节呈现。建议今后教材编写及教学实践中要体现从"把科学作为探究"和"亲历科学探究"到"把科学作为理念与实践"和"亲历科学探究与工程设计"观念的转变,精选一些真实的、体现技术细节的图片,给学生营造一个真实的工程技术的情境,引导学生重视综合性的实际问题,使学生今后在面临真实世界的问题时,能够有效地应用他们所学的科学知识。

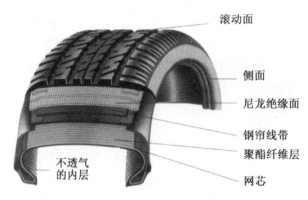

滚动面

侧面

尼龙绝缘面

钢帘线带

聚酯纤维层

网芯

不透气的内层

图 4 - 10　汽车轮胎的结构

(三) 注重内容融合,重视基础性知识

随着科学技术的迅猛发展和日趋复杂,科学教育思想也在不断演变,上世纪 20 年代将科学理解为知识,60 年代将科学理解为过程和方法,90 年代将科学理解为探究,今天将科学理解为科学理念与实践。因此,教材要有机融合科学理念和科学实践,引导学生向整合的视野发展。教材中如果只强调化学知识,只注重知识传授,不利于学生形成积极主动的学习态度和发展综合应用知识的能力;如果只简单介绍知识应用,学生的化学学习将成为无本之木、无源之水,不利于学生深入地学习和长久地发展。

教材中的插图一般能反映出教材的编写理念,现将中德教材中有关有机高分子化合物的图片数目及其内容种类进行统计,并对其分析。图 4 - 11 是各种教材中图片的数目。

各种教材的主编都选取了大量的图片,直观地反映有机高分子化合物的应用、结构、性质等。如与国内教材中必修＋《有机化学基础》模块(理科倾向的学生大多要学习这部分内容)的图片数目比较,《今日化学 SⅡ》中"塑料"一章中有 39 幅图片,而人教版、鲁教版、苏教版中的图片相对较少,这既与有机

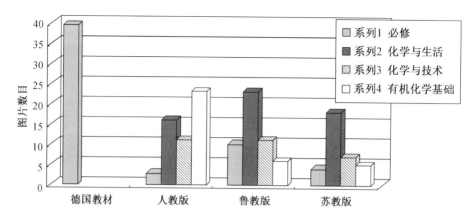

图 4-11 各种教材中图片数目统计

高分子化合物这部分内容在国内教材中所占的篇幅较少有关,也与国内教材编写中图片多用于应用类、常识类知识,在理论性篇幅中使用较少的习惯有关。图 4-12 是各种教材中图片的类型,从中可以看出,各种教材使用图片最多的类型均是生活及应用类,这是由图片的直观性和所涉及内容在生活中有十分广泛的应用所决定的。此外,我们应借鉴《今日化学 SⅡ》中图片类型分布,更多地使用图片阐述结构、技术、实验等方面的内容。教材应多从应用的角度讲解化学,重视理论性知识的传授,将学科核心知识与工程实践有机地整合起来,为学生提供检验和运用化学知识的情境,使其体验将化学运用于解决实际问题的乐趣,从中领悟到科学、技术、实验与生活的相互联系,从而在知识、能力、方法等各个领域得到全面的发展。

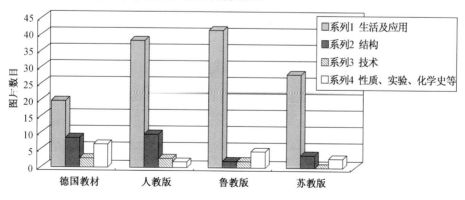

图 4-12 各种教材中图片的类型

现代科学教育思想强调"核心学科理念""跨学科的要素"和"科学与工程实践"的融合。高中化学教材及教学应该体现基础性、应用性和时代性,教材在编写时应邀请化学工程技术类专家和从事化学相关行业的人员广泛参与,强化化学工程技术内容,将基础知识与具体应用密切结合起来,形成宽基础、厚实践、重能力的特色。

第五节　践行 STSE 理念的德国化学教材特色研究

STSE 是科学(Science)、技术(Technology)、社会(Society)、环境(Environment)的英文缩写。人类发展的历史实际上是科学、技术、社会和环境相互作用的产物。可持续性发展本质上就是科学、技术、社会和环境的协调发展,人类必须具有可持续性发展意识、思想和能力。因此,STSE 作为一种科学教育思维模式和价值观在世界各地全面兴起,它不仅关注科学、技术在社会生产、生活中的应用,而且重视和关心环境问题,倡导可持续发展。美国在1995 年颁布的"国家科学教育标准"中提出了 STSE 教育观念。1997 年,加拿大提出的《科学学习目标公共纲要》中明确指出:"基于本纲要的丰富多样的学习经验将给学生提供许多机会进行探索、分析、评价、综合和欣赏,并且理解科学、技术、社会以及将影响他们个人的生活、职业和未来的环境之间的相互作用。"这标志着 STSE 科学教育范型的建立,即旨在通过科学—技术—社会—环境(STSE)教育学习科学知识,提高公民的科学素养。

理科课程是落实 STSE 教育理念的重要途径,教材是重要的课程资源,是教师进行教学的范例,更是落实 STSE 教育思想的关键。本节以德国莱茵兰-普法尔茨州的中学化学教材《今日化学 SⅠ》(Chemie Heute-SekundarbereichⅠ)和《今日化学 SⅡ》(chemie Heute-SekundarberichⅡ)为蓝本,分析教材内容及编排方式,发掘其中的 STSE 教育理念,为我们的教材编写和使用提供借鉴和参考。

一、《今日化学》教材中 STSE 理念的体现

（一）整合社会性知识和学科性知识，综合性强

近年来"整合"已成为基础教育阶段科学课程改革的趋势。整合的目的在于"通过少数大概念来统整学科知识，促进学生参与科学工程实践，实现对重要原理的深入探索，发展学生的整合理解并在其中渗透科学本质教育和STSE 教育"。《今日化学》教材有机整合学科性知识和社会性知识，精心组织教材，将学科知识融入其产生的背景以及它在现实社会生活中的应用中加以介绍，兼顾了学科知识的系统性和 STSE 教育的独立性，避免了知识学习和情感教育"两张皮"的现象，达到了知识与技能、过程与方法以及情感态度与价值观三维目标的和谐共赢。

德国的化学工业领誉全球，染料、药物更是它们的拳头产品。因此，《今日化学 SⅡ》教材中各以一章的篇幅分别介绍染料和药物。"染料"这一章首先从电子波谱和光的吸收及反射角度介绍物质为什么有颜色；第 2 节从有机染料的结构和光吸收的角度分析有共轭双键的吸收原理，从而讲解染料中发色基团以及影响发色的官能团，并且介绍了视觉过程的化学原理；第 3 节从靛蓝、胭脂红、胡萝卜素等天然色素的结构、提取方法、应用发展等角度讲解染料的知识，并通过附录"靛蓝专利"介绍了德国及欧洲的专利制度，包括专利的历史、申请方法、费用及保护期限等，非常翔实（如图4-13，彩图见附录）；第 4 节介绍了偶氮类及蒽醌类合成染料，让学生了解重氮化和偶联反应；第 5、6 节则从染料与纤维之间的键合作用、纺织品的染色工艺等角度展开；最后一节介绍了指示剂色素：常用指示剂的结构、变色原理。

图 4-13　靛蓝的专利证书

　　整章内容综合性强,以化学学习及生活生产中实际使用的染料为主线,注重对染料结构、发色基团、反应原理及织物与染料的键合情况等化学学科知识的深化,同时涉及很多科技发展细节,更有大量的物理、生物等其他学科的知识,在内容的深度、广度、综合性方面均达到了一定的高度,对学生的学习、生活及未来的职业生涯具有重要的意义。

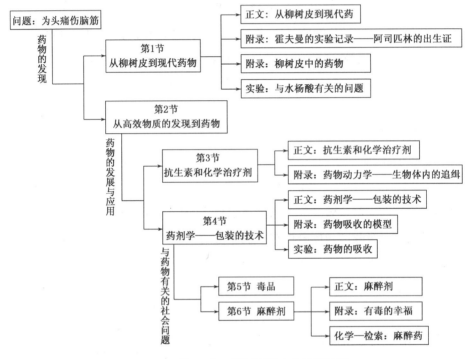

图 4 - 14　第 18 章 "药物"的内容结构流程

　　阿司匹林是一种广泛应用的极具代表性的药物,也是德国科技和产业界的骄傲。《今日化学 SⅡ》最后一章"药物"(其内容结构流程见图 4 - 14)中,阿司匹林起了穿针引线的作用。教材首先以在石器时代曾用荒诞的"在头上钻孔的手术来治疗难以忍受的头痛"这一历史事实引入课题,介绍了阿司匹林的发现史、制备方法、常用药物分析方法;在第 3 节附录"药物动力学"中,以阿司匹林为例,详细介绍了药物在生物体内的摄入、吸收、分布、作用、代谢和排出(见图 4 - 15,彩图见附录),这样让学生了解药物在体内的作用时间,在哪些器官中吸收、作用、代谢,更直观地理解应按时按量服药、不能滥用药物;在第

4节的实验"药物的吸收"中,通过实验观察在不同条件下不同制剂的阿司匹林的分解时间。"药物"这一章以药物的发现、发展及其运用和药物引发的社会问题为主线,从常用药、毒品、麻醉剂的结构、性质、作用机理、引发的社会问题等多角度深入讨论,将社会性内容与学科性内容天衣无缝地整合起来,让学生在学习和运用化学知识的同时产生社会责任感和风险意识。

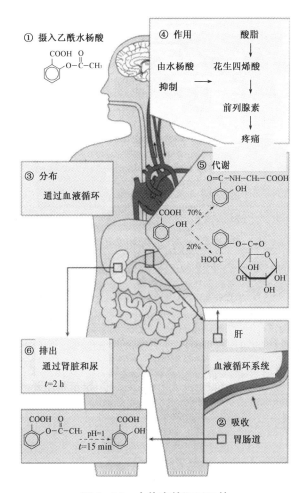

图 4-15　人体中的阿司匹林

(二) 选取典型案例,进行深入剖析

能源是关系现代社会发展的重大问题,由于原子弹爆炸带来的"原罪"、切尔诺贝利核电站的爆炸以及日本地震造成的核泄漏等重大事件的影响,是否

使用核能一直是欧洲各国艰难的抉择。《今日化学 SⅡ》第 1 章介绍"原子结构",在第 5 节"核裂变"附录"科学家的责任"开篇即指出:原子弹的研发令人难忘地展现了科学家在道德上进退两难的情况下能够提出什么建议。二战中爱因斯坦等科学家敦促罗斯福总统研发原子弹,教材中配有原子弹爆炸后的广岛图片,并指出:原子弹于 1945 年 8 月 6 日摧毁了日本城市广岛,而在1945 年 8 月 9 日长崎又被摧毁,在这两次轰炸中共有十一万四千人丧命。教材严肃指出:"从那时起科学家在他们的职业所产生的后果中有什么责任的问题,一直引起争论,现在的问题不只是一次世界核大战,还有现代技术的错误使用。"教材摘录了 1939 年 8 月爱因斯坦致美国总统罗斯福的信、节选了1945 年 6 月美国国防部部长弗兰克关于原子弹问题的报告以及 1957 年 4 月德国物理学家反对联邦国防军原子武装的声明(列出了参与的诺贝尔奖获得者等很多科学家的姓名、身份),真实的情境、详细的细节,会促使学生反思历史,严肃认真地对待如何使用科学技术的问题。

科学技术极大地改善了人类的物质和精神生活,但也将人类带入了前所未有的困境:能源短缺、环境恶化、生态危机。《今日化学 SⅠ》第 14 章"日常生活和工业上的化学"不讳言化学工业造成的负面影响,在第 2 节"从硫到硫酸"后接着第 3 节就是"酸雨——化学化解难题",详细地介绍了酸雨的形成原因,客观地分析了酸雨的危害。教材分析了引起酸雨的主要物质含量及来源,用直观的图表、具体的数据让学生了解产生污染的原因(见表 4 - 6 和图 4 - 16)。

表 4 - 6　有害物质排放量(德国 2004)

	二氧化硫	氮氧化物
总计(百万吨)	0.58	1.57
工业	19%	10%
发电站	65%	19%
交通	0.3%	58%
小额消耗	4.7%	8%
家庭	11%	5%

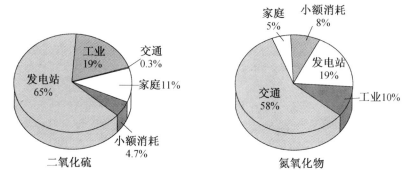

图 4 - 16　有害物质排放量(德国 2004)

　　教材对于酸雨给对森林造成的危害进行了比较客观的介绍:"根据林业情况报道,我们的森林中 20％的树木受到损害,有人认为这是酸雨所导致的后果。酸雨使土壤中氢离子的浓度升高,氢离子使重金属离子和铝离子淋洗出来,树木的须根在这些离子的影响下受到毒害,失去了吸收水分和水中所含有的生命必需的钙离子、镁离子的能力。"这样的分析,比起空泛地说酸雨会使林木枯萎更能引起学生思考,而且也有助于后续对溶解平衡的学习。教材还用文字、数据、化学方程式和工业生产流程图等方式详细介绍脱硫、脱氮的方法以及产生的副产物的用途。最后,用黑体字强调:**酸雨是由二氧化硫和氮氧化物生成的硫酸和硝酸所引起的。化学利用烟道气净化和汽车废气催化剂为有害物质的减少作出了贡献。**《今日化学》教材在介绍化工产业的原理及贡献时,正视其造成的环境问题,详细介绍化学在防范和减轻环境恶化方面所做的努力,引导学生学会赞赏化学科学对个人生活和社会的贡献,关注与化学有关的社会热点问题,逐步形成可持续发展的思想。

　　《今日化学》通过精心挑选与社会生活密切相关的重大问题以及在世界范围内有影响的典型事件,提供较为充分的素材,引导学生进行严肃的分析与深入的研讨,让学生深刻认识到科学技术的双刃剑作用,懂得扬善抑恶是每个人都面临的责任。

(三) 重视方法熏陶,强调观念提炼

　　《今日化学 S I 》教材在开篇序文中即明确指出"化学学习并非只限于专业知识。同样重要的是对获取知识的途径的理解,以及在与化学有关的信息方面进行交流和评价的能力",并用框图形式明确了化学学习的途径和目的(见图 4-17)。通过直接表述化学学习的目标,体现了 STSE 教育价值取向:科学和技术是改善社会的工具,是人类文化的一种形式,是个人发展的文化资本。

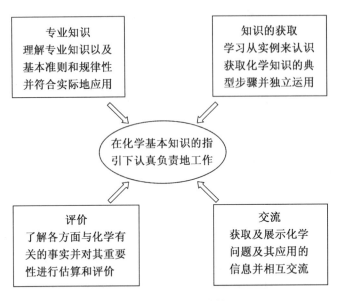

图 4-17　化学学习结构图

教材在章节开始前首先设置了多个"方法"栏目,如"安全做实验""正确清理废物""如何查阅文献""如何做笔记";在第 1 章第 1 节也安排了"方法",如"正确进行实验""正确进行测试""自然科学家是怎样工作的——由观察到理论";在后续内容中又有"正确记录""看图与制图"等"方法"栏目。这样的编排,让学生在学习化学知识的同时了解学习和研究化学的具体方法,体现了知识技能与过程方法的高度统一。

教材在"原子结构"第 6 节"原子能发电站是这样运转的"的化学—检索栏目"核能的问题"中,详细介绍了切尔诺贝利核电站事故及其影响(见图 4-18,彩图见附录),并指出周围地区癌症增多和其他长期伤害明显可见,但对全欧洲的健康影响只能由长期的统计调查才能知道。对于 2000 年联邦当局决定有序脱离核能利用的政府结论,教材并不简单认同,在作业中要求:

（1）① 探询核电站正常运转时释放出来的放射性物质是多少。

② 切尔诺贝利灾难中抛射到环境中的是哪些核素？

（2）调查支持和反对利用核能的理由，并对它们进行评估。

图 4 - 18　切尔诺贝利核爆炸的影响

以作业的形式让学生去尝试解决生活中人们最关心的社会现实问题：核能安全吗？我们应不应该使用核能？第1题是让学生学会理性地从科学技术角度去分析和解决问题，用事实和数据来说话；第2题鼓励学生深入调研，了解不同人群对现实生活中重大科技问题的主要观点及其理由，学会从正反两方面分析同一个问题并运用自己所学的知识对这些观点进行评估。

二、《今日化学》教材给我们的启示

纵观德国《今日化学》教材，在基于 STSE 理念的内容选择、编排上有很多独到之处。它不拘泥于化学学科知识，而是从学生的需要出发，在真实的社会情境中让学生通过体验性学习、实践性学习、研究性学习、设计性学习和反思性学习等多元化的学习途径和方式，学习真实的化学。教材在化学基础知识和基本理论、化学实验、化学技术在生产中的应用、化学对人类生活的影响等各个方面统筹兼顾、相互联系、相互促进，这与我们新课程提倡的"从生活走进化学，从化学走向社会"的理念是吻合的。

教材重视化学基础知识及其方法技能，让学生通过科学实践来学习化学基本原理，了解科学研究的基本方法，形成科学的世界观。教材注意通过化学科学与技术在应用过程中对环境产生的不良影响等实例,强化学生对科学风险的认识,同时介绍化学科学与技术在净化环境方面的积极作用,让学生学会全方位多角度分析和认识问题,形成正确的科技伦理观。我国现行主流版本的化学教材,均是将化学与生活、化学与技术、物质结构与性质、化学反应原理、有机化学基础、实验化学分块设计,虽然可以满足不同类别或兴趣的学生的需要,但割断了不同模块之间的有机联系,不利于学生综合素质的培养。

由于不同地区对选修模块的高考要求不同,在功利性思想的驱使下,某些省份选择理工科方向的学生根本接触不到"化学与技术""实验化学"的内容,造成了学生知识结构的缺陷和对未来职业发展的制约。建议今后的教材编写中,要强化不同模块、不同学科知识的整合,并且将其融入社会发展的整体背景中。

另外,我国现行教材对于化学科学给人类带来的现实和潜在的危害着墨较少,对科技伦理方面的内容鲜有涉及。建议今后的教材要正视目前我国公众中广泛存在的化学恐惧症,对 PX 项目、三聚氰胺事件等典型案例不回避,可围绕这些问题的化学原理、形成缘由、防范措施等各方面展开学习,让学生通过真实的案例更深刻地认识科学、技术和社会之间的相互关系,逐步树立可持续发展的思想。

目前我国教材中对于化学学习和学科研究的方法指导多处于隐性状态,建议今后更明确地给予学生学科学习和研究方法的具体指导,更多地结合人类探索物质及其变化的历史与化学科学发展的趋势,以帮助学生加深对核心概念和科学方法的理解,形成科学的价值观。

第五章　习题亮点

第一节　德国教材《今日化学 S I 》习题赏析

习题是教材的重要组成部分，是帮助学生达成学习目标的重要工具，教材中习题的选取一定程度上反映了教材编写者的课程理念和教学目标。德国的科技发展和工业文明在世界都享有盛誉，这与其基础教育阶段扎实的理科教育有着密不可分的关系。本节以德国莱茵兰-普法尔茨州的中学第一阶段化学教材《今日化学 S I 》(Chemie Heute-Sekundarbereich I)为蓝本，对其习题进行赏析，以供我国中学化学教育工作者参考。

《今日化学 S I 》共分 16 章，在每章结束前都有"知识的检验"这一专门的习题集，与我国教材中每章后面的复习题类似。习题集中主要包含"测验""实际知识""自然—人—技术"等栏目。"测验"的重点是教材中出现的重要概念和基础知识，"实际知识"重在课本知识的延伸和探究，"自然—人—技术"则将所学知识与生产生活中的应用密切结合起来，栏目各有特色，互为补充。另外，除了章尾综合习题外，章内的各部分内容后均有相应的习题，帮助学生及时巩固消化所学的知识。综合书中的各类习题，总体有以下一些特征。

一、注重学科融合

在初中阶段的理科教育，综合课程和分科课程并存，各有千秋。德国大多数州实行的是以分科为基础的综合教育。教材的编写者不局限于其学科本位,而是根据学生的身心特征,尽可能全方位、多角度地介绍相关知识及技能。

教材的编写者并未将教材自囿于化学的框架内,在内容和习题的选择上既突出化学学科结构主线,又能兼顾到学习化学所需要的辅助知识及技能。在章节内容开始前,篇首的方法介绍"如何利用文献资料"的作业为查阅"氮氧化物""氯化氢"这两个概念,根据这些写一篇报道。这一习题让学生运用教材中介绍的文献检索方法,熟悉化学文献,学会从公共媒介中汲取化学知识,并在撰写报道时了解、介绍相关的化学知识。在第 1 章"化学——自然科学的一个分枝"的第 1 节中"化学是什么"内容后的作业是:(1)说明自然科学的涵义。(2)指出化学的研究领域。(3)在化学中物质是指什么?(4)查阅地质学研究什么。(5)指出天文学和占星术的区别。这些习题既帮助学生了解化学的研究领域和研究主体,又让他们了解化学作为自然科学的一个分枝和其他学科的区别,还有助于学生区分科学与非科学,如天文学和占星术、化学和炼金术等。§1.3 化学—检索"物质及其性质"中的习题为:(1)今天的住房都已经有良好的绝热措施,只有很少的一部分热量由里向外泄漏。什么材料用来绝热效果特别好?(2)测试铁、铜和锌的刻画硬度,并根据硬度排列次序。(3)打火机中所含的丁烷是液化气。检索液化气的含义及其应用范围。(4)为什么在冰箱中只有在一定的位置上才能制冰块?这些习题囊括了多学科的知识及技能,间接地告知学生要学好化学需要多方面的知识基础。

第 14 章"日常生活和工业上的化学"第 1 节"从原料到最终产品"的习题为:(1)检索德国最重要的化工产品的年产量,并作图表示其名次。(2)举例说明联合经营区位易于环境保护并提高其有效性。习题要求学生对本国的化工产业有基本的了解,并提醒学生关注化工产业的运营方式及其对环境的影响。§14.4 附录"化学解决氮的问题"的作业为"在互联网上检索 1879 年的硝石战争,说明为什么现今在南美仍然郁结着的纷争源于硝石战争"。这道题更像是历史作业题,硝石战争是南美三邻国(智利与玻利维亚、秘鲁)为争夺资源而引发的战争,了解硝石战争,既可以了解氮肥等自然资源对人类生活的重要性,又可以理解南美地区纷争的历史渊源和现实状况,同时还能知晓后来德国化学家发明的人工固氮技术对促进人类文明进步的重要意义。通过互联网检索这一习题的答案,可以帮助学生深刻理解自然—人—技术的关系,激发其探究自然知识的兴趣。

第 15 章"碳氢化合物和它们的衍生物"第 3 节实验项目"生物气——甲烷"的习题要求:(1)比较燃料燃烧放出的热量和 CO_2 排放。(2)从生态学和经济学的观点,将各种燃料进行比较。这样能让学生学会多学科、全方位地考虑问题。

二、突出方法指导

《今日化学 S I 》是化学启蒙教材,考虑到学生对如何学习化学、如何解答化学习题没有经验,教材中给予了十分具体的帮助和指导。在篇首方法指导中即有"正确理解作业"的方法,具体内容如下:

在课堂上、做家庭作业或考试时你将会碰到一些需要你去顺利解答的题目。在这些题目中经常会有一些相似的题目要求。为了能正确地理解和解答这些题目,你必须清楚地把握每个题目要求的含义。图 5-1 是经常出现的题目要求及相应方法,它简要地说明了如何成功解答一个题目。

1. 运用:把现有的知识和能力运用到未知领域,以得到新的知识
2. 拓展:把收集到的数据和结果整合成一个新知识点
3. 说明理由:用已知的理论定律等知识对现象加以说明
4. 计算:得出数据
5. 描述:重新构造事实,并用自己的话阐述
6. 评价:运用专业知识对现象加以评价,并说明理由
7. 表达:把关联和条件分类,并用合适的形式表达出来
8. 诠释:给出事实的关联并评价
9. 讨论:给出不同的观点和结论,并比较说明
10. 进行试验:在安全提示下进行试验
11. 探究:运用所学知识进行假设、试验并做出模型
12. 阐述:用合适的方法对现象进行解释和说明
13. 说明:运用额外的知识对现象加以完整地说明
14. 解释:用专业知识对现象进行诠释和阐述
15. 列举:列举现象、特征和定义
16. 概述:以适当的方式,对要点进行概括性描述
17. 排序:把事实和现象进行分组
18. 比较:得出相同点和不同点
19. 作图:以图表的形式描述
20. 总结:用自己的话对事实的要点进行总结分析

图 5-1 作业中常用的方法

在教材第 2 章"物质的性质与粒子模型"第 3 节中有方法介绍——看图和制图。在"看图行动"介绍了如何认识和表达常见的图形,其作业为表达"几种海水的含盐量"图(如图 5 - 2)。在"作图行动"中介绍了扇形图、柱状图、折线图的制作方法,其作业为作空气的组成图和一个放热反应在有和没有催化剂存在时的进程。这两道题都是在教材内容具体方法指导后的技能练习,此类方法技能的掌握会使化学学习得心应手。

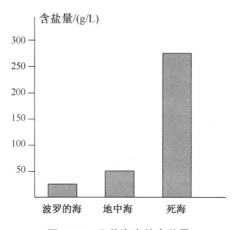

图 5 - 2   几种海水的含盐量

教材不仅在篇首对作业中出现的各种要求作了详细的解释,还在很多习题前为作业内容列出了具体范例。如§2.4"物质——简要说明"习题中要求"为铁、铝写一个简要说明"。而在教材正文部分即有金、硫、食盐、乙醇、甲烷等多种物质的简要说明(图 5 - 3 为金的简要说明),对习题中如何写简要说明提供了十分清楚的参照,让学生解答习题时有章可循。

金向来是以极细的金粒被找到,由于它的美丽的光泽,价值极高。它由于比重大,是从河床上的砂中淘洗出来的。淘金人在平底锅中不断冲洗,用水把轻的砂冲走,留下黄金颗粒。
密度:19.3 g/cm³。
熔点:1 064 ℃。
沸点:2 600 ℃。
对热和电流的传导性比铜更好。

图 5 - 3   简要说明:金

三、深化基本概念

化学是在原子、分子层次上研究物质性质的科学,由于研究对象的特殊性,化学学科有很多独创的概念和符号,了解和熟悉这些概念和符号,是学好化学的前提。因此,《今日化学 SI》的习题十分注重对概念的识记,在每一章的知识检测中,首先检测的就是本章学过的基本概念。在第 5 章"从矿石到金属"的知识检测中首先列出一些重要概念(见图 5 - 4),要求:(1)说明方框中的概念。(2)在卡片的正面写概念,反面写说明。而在其他章节如第 11 章"化学键"的知识检测中所列出的重要概念(见图 5 - 5)、第 13 章"酸 碱盐"的知识检测中所列出的重要概念(见图 5 - 6)的要求同上。

• 元素化合物 • 氧化,还原 • 氧化剂,还原剂 • 氧化还原反应 • 非贵重金属,贵重金属 • 金属的氧化还原序列 • 高炉 • 生铁 • 钢	• 共价键 • 八隅规律 • 电子对互斥模型 • 极性键,非极性键 • 偶极分子 • 氢键 • 晶格能 • 水合,水合能	• 酸,酸性溶液 • 氢氧化物,碱性溶液 • 水合氢离子,氢氧根离子 • 硫酸,硝酸,磷酸,醋酸 • 中和,盐的生成 • 物质的量浓度 • 滴定 • 布朗斯特酸,布朗斯特碱
图 5 - 4 第 5 章重要概念	图 5 - 5 第 11 章重要概念	图 5 - 6 第 13 章重要概念

教材不仅在每一章的知识检测的第一题都要求写出一些重要概念,并加以说明,还在每一小节具体内容后的习题中强调基本概念和基础知识的应用。§11.5"通过电子转移生成盐"的习题要求如下:(1)说明电子给予体和电子受体的意义。(2)说明钠与氯的反应是电子转移反应。(3)铝与氯、氧、氮起反应,写出电子转移的分步反应和总反应。§5.5"铝热法"作业中要求:说明铝热法原理,并写出氧化剂、还原剂。教材第 8 章"定量关系——明确的比例"第 1 节"质谱"的习题是:(1)质谱仪是怎么工作的?(2)质谱说明了什么?(3)观察溴样品的质谱(如图 5 - 7)中出现的各个峰。(4)周期表中元素的原子量数据应如何理解?这些习题,可以帮助学生及时巩固重要的基本概念,复习基础知识。

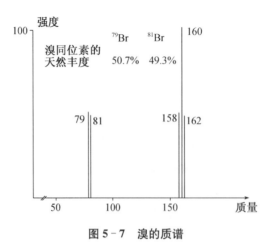

图 5 - 7　溴的质谱

四、联系生活实际

生活是化学研究和创造的源泉,也是科技应用的场所。从生活走进化学,从化学走向社会,是现代化学教育的基本理念。这一理念在《今日化学ＳⅠ》教材的习题中得到了充分的体现,很多习题有机融合了社会生活问题与化学学科知识,让学生在解答习题的同时了解化学知识在生活中的广泛应用。

教材第 4 章"化学反应"第 10 节"火灾与灭火"中列举了生活实例"圣诞之夜:热熔干酪——煎锅爆炸"后布置的习题是:(1)说明为什么脂肪火灾往往引起严重的后果。(2)说明消防队对避免脂肪火灾的建议的根据。将厨房中最常见的油锅着火用真实的案例展现出来,并让学生分析其原因、后果、预防措施及理由,让学生真实地感受到火灾的危害,学会如何采用正确措施,在强烈的情感体验中轻松地完成学习任务。

第 7 章"原子和物质的结构"第 2 节附录"单个原子——不可思议地小"的习题是:为了整顿财政预算,每个德国人要付给财政部长一百万个金原子。(1)计算财政部长一共收了多少克金子?(2)每克金子 14 欧元,这些金子的总价值一共是多少? 这是一个十分有趣的习题,金子是我们日常生活中最熟悉的贵重金属,100 万是个很大的数目,德国的人口以八千万计(2013 年为8 033.46 万),这两个庞大的数字与原子这个极小的个体联系起来会有什么结果呢? 财政部长只能得到 2.62×10^{-8} g 的金子,不足 3.7×10^{-7} 欧元。庞大的数目、贵重的金子,都敌不过原子的渺小,在玩笑式的计算中帮助学生了解微观粒子与宏观世界的巨大差异,对"单个原子——不可思议地小"这一主题产生深刻的认识。

在教材§13.8概要"pH标度"中的习题是这样设置的:(1)用盐酸处理过的250 L废水,要把它从pH=1变为pH=6,需要加多少升水?评论这种使废水变成无害的方法。(2)游泳池的长度为25 m,宽度为20 m,深度为2 m,已知池水的pH=4,现加pH=14的氢氧化钠溶液来使水的pH升到7,需要氢氧化钠溶液的体积是多少?这题的计算很简单,但结果却耐人寻味。要将250 L废水从pH=1稀释到pH=6需要25 000立方米即25 000吨的水,而中和游泳池中1 000立方米pH=4的水只需pH=14的氢氧化钠溶液100 L。这一组具有巨大差异的数据告诉学生,工厂和实验室等产生的酸性、碱性废水一定要中和处理后才能排放,否则将会影响大片水源。在第13章的知识的检验"自然—人—技术"栏目中习题如下:(1)地质学家在探矿时常常带一瓶盐酸,他们要用盐酸来检验什么?(2)大黄茎(一种很酸的蔬菜)含有很多草酸,说明为什么不能把它放在铝锅内保存较长时间。(3)面包圈烧烤前要放在3%的氢氧化钠溶液中浸一下,为什么说它作为食品毫无疑问是合适的?(4)粉末状的厕所清洁剂含有硫酸氢钠,它的水溶液呈酸性,用反应方程式来说明其原因。这些习题以酸、碱、盐在生活中的应用实例为情境,学生通过解答这些习题,加深了对酸、碱性质的理解,扩展了视野。

教材第15章"碳氢化合物和它们的衍生物"第3节实验项目"生物气——甲烷"的习题为向生产单位询问:(1)生物气装置的结构;(2)生物气的用途;(3)加进去的物料种类;(4)占地面积;(5)效率;(6)余热的应用。习题要求学生将所学理论知识与社会化生产的实际情况联系起来,感知科技在生产中的应用。第16章"醇"第3节中的化学—检索"乙醇——是享乐品吗?"中的习题是:(1)一位女士(50 kg)一连喝了三大口(每口0.02 L)酒,计算血液中酒精含量(教材中有相应公式,因男女对酒精吸收代谢不同,公式中系数不同)。(2)① 一位男士体重70 kg,计算他理论上一小时内能喝多少啤酒而血液中酒精含量不超过0.5‰的界限。② 为什么强调是理论上的结果?(3)事故发生后,检测到血液中酒精含量为0.3‰,解释法律后果。这些习题密切联系学生的生活实际,相信做这些题能让学生知道应合理饮酒,这比单纯的说教要好得多。第16章第4节"从油菜到生物柴油"的习题为:(1)菜油甲酯(生物柴油的主要成分)是一种混合物,叙述它的组成。(2)说明生物柴油的优点和缺点。(3)麻疯树的种子富含油脂,打听这种植物的情况,讨论它在伦理上是不是优于油菜。这些习题将生物能源与化学知识天衣无缝地结合起来,而且从多角度讨论其实用性。

习题有助于巩固知识、提高运用知识的能力,习题是课程内容的组成部分。《义务教育化学课程标准》(2011版)要求:习题类型要多样化,要增加开放题和实践题的比例。借鉴《今日化学 SⅠ》习题编写的启示,在习题的选择和编排中,要注意习题内容与其他学科的联系,培养学生运用多学科知识分析问题和解决问题的能力。应重视利用网络资源和其他媒体信息,拓展学生的视野,使学习延伸到互联网这个广阔的平台。要从学生的生活经验和社会发展的现实中取材,关注与社会生活相关的化学知识,选择社会热点问题来承载化学知识,让学生在练习中体验知识价值,感受化学魅力,领悟科学过程,形成健康的情感态度和价值观。在习题的选择中应重视方法的指导,要教给学生科学的解题方法,促使学生养成规范的学习行为和化学的思维方式。习题内容还应选择最重要的基本概念与基础知识,强化学科核心概念,建构基本知识框架,为学生进一步学习打好基础。

第二节　德国初中化学教材单元习题设计特点分析

练习是教学活动的重要环节,是学生掌握新知、形成技能、发展智力和挖掘创新潜能的重要手段,同时也是培养创新思维的重要途径。因此,习题是化学教材的重要组成部分,是学生理解和巩固所学知识,发展应用知识能力,形成问题解决意识和创新精神的重要载体。本节拟就单元习题的结构、题型及功能等方面,分析德国莱茵兰-普法尔茨州的初中化学启蒙教材《今日化学 SⅠ》(Chemie Heute-Sekundarbereich Ⅰ)中的单元习题的设计特点,以供我国教材修订参考借鉴。

一、单元习题结构特点分析

《今日化学 S I》教材中的单元习题均由"测验""实际知识""自然—人—技术""知识溯源"四大栏目组成。每个单元的每一栏目题量不等,一般情况下,"测验"设计了 6 题左右,"实际知识"设计了 5 题左右,"自然—人—技术"设计了 4 题左右,"知识溯源"设计了 2 题左右。每一栏目的题型按难度分层设计,分别承载着不同的教学功能。

(一)"测验"栏目

该栏目主要设计了与本单元知识点密切相关的概念辨析、化学用语的识记、化学反应原理、物质的性质和用途等基础知识习题,习题难度小,涉及面广,能较好地巩固所学内容,设问简洁,指向明确。例如:(1)说明下列离子的电荷是多少:钾离子、铝离子、溴离子、硫离子、氮离子。(2)写出你要证明一种溶液是酸性、碱性或中性时,该怎样进行。(3)说明用什么方法能区别黄金和黄铜。

(二)"实际知识"栏目

该栏目设计了用与本单元知识点密切相关的化学知识和原理解决简单化学问题的习题,习题具有一定的思考性和灵活性,总体难度不大,对学生掌握化学知识和原理的应用很有帮助,设问简洁明了,题干较短,信息量大,有图表题,有计算题。例如:元素镁和氟只能生成化合物 MgF_2,而不是 MgF 或 MgF_3,说明理由。

(三)"自然—人—技术"栏目

该栏目结合学生的实践经验,设计了与本单元知识点有一定联系的,与人类活动有关的,涵盖自然环境、自然现象、科学技术等方面的习题。习题难度较大,涉及面广,跳跃性强,要求学生不仅能熟练掌握本单元的化学知识,还要能掌握物理、生物、地质、地理、天文等与化学现象有关的知识,有一定的生活常识和经验,了解与工业和农业生产有关的科技知识,问题情境真实。其精巧的习题设计缩短了书本知识与实际问题的距离,能让学生切实提高解决实际问题的能力。例如:(1)地质学家在探矿时常常带一瓶盐酸,他们要用盐酸来检验什么?(2)大黄茎(一种很酸的蔬菜)含有很多草酸,说明为什么不能把它放在铝锅内保存较长时间。(3)在找岩盐矿床钻井时钻到钾盐层,说明钻得更深时会发生什么情况。(4)常常在散热片后面的墙上贴一层铝箔,这一措施有什么意义?(5)说明为什么常常把高炉建在河边。(6)在墨西哥和秘鲁用汞来处理银矿石,生成组成为 Ag_3Hg 的银汞合金,把它加热到 350 ℃,使合金中的汞蒸发而留下银,每吨汞可以最多提取多少千克银?

(四)"知识溯源"栏目

该栏目是《今日化学SI》教材习题设计的最大亮点,涵盖了科学技术、化学知识和生活技能等方面的追根溯源的习题,这些习题题干较长,让学生在读题的过程中领略化学发展的历史,感受生活的美好、劳动人民的智慧、科学巨人的贡献,累积解决问题的灵感。例如:19世纪初还没有大家都能接受的关于物质结构的学说。重要的基本概念首先出现在1808年道尔顿的"化学哲学中的一种新体系"中:"Chemical analysis and synthesis go no fartheo than to the separation of particles one from another, and to their reunion. No new ereation or destrnction of matter is within the reach of chemical agency. We might as well attempt to introduce a new planetinto the solar system, or to annihitate one already in existence, as to create or destroy a particle of elydrogen."(1)翻译这一段;(2)说明道尔顿在这篇文章中所表述的基本思想;(3)举例说明道尔顿提出的观点如何反映在贝采里乌斯建议的化学式的表示方法中。

二、单元习题题型特点分析

《今日化学SI》教材根据不同习题所承载的教学功能可分为:学习方法指导型、巩固基础知识型、途径或目标开放型和实际探究应用型4种类型。

(一) 学习方法指导型

《今日化学SI》教材中每一个单元作业的第一题都是学习方法指导题。例如,第11单元"盐类——地球的宝藏"单元作业的第一题为:(1)说明方框(见图5-8)里的概念;(2)在卡片的正面记下各种概念,在反面记下说明。

- 盐,盐类物质
- 氯化钠
- 离子,正离子,负离子
- 惰性气体结构,惰性气体规则
- 离子化合物,离子晶体
- 晶体模型
- 电子亲和力

图5-8 重要概念

科学研究证明:95%的人智商介乎70至130之间的标准范围,只有2.5%的人智商低于70。因此,智力绝不是成绩的决定因素,关键还是在于学习方法。德国化学教材编著专家深谙其道,总是在单元作业的第一题就帮助学生总结本单元所学的重要概念和重要原理,让学生学会比较,掌握知识的区别和联系,建立牢固的学科知识体系。

(二) 巩固基础知识型

《今日化学SI》教材中巩固基础知识型习题有两种题型,一种题型设计的目的是让学生自己总结教材中所学的内容,加深记忆。如:总结盐类物质的性质,根据它们的结构说明其特性。另一种题型设计的目的是让学生初步学会运用所学知识解决实际问题,以加深对所学知识的理解,增强解决问题的能力。如:晶体的颜色和多种多样的形状很吸引人,说明为什么在晶体生成过程中面、棱和角表现出有规则地排列。

巩固基础知识型习题是所有教材中必不可少的题型,是教材正文内容的再现或者对正文内容的总结或概括。学生在学习过化学概念、原理、本质、规律之后,完成此类习题,能够让所学知识在大脑中重现,强化基本化学概念和原理的记忆,理解化学变化的基本规律,认识化学现象的本质,提高化学学科素养,形成化学基本观念。

(三) 途径或目标开放型

开放性问题在教育心理学中被称为结构不良问题。通常一个问题总是含有3个要素,即条件、目标、途径。一般情况下,我们所设计的习题都是条件和目标清楚,解题途径较为单一的问题,此为结构良好问题,这类问题留给学生思维的空间不大,重在培养学生的逻辑思维能力。如果条件、目标明确,解题途径有多条(或条件、目标只知其一,解决途径全然不知),则问题结构不完整,思路不明确,此为结构不良问题。在编著教材时,可以将常见知识设计成非常规的开放性问题,以形成"熟悉的陌生",留给学生相对较大的思考空间,培养学生严密的逻辑思维能力(如归纳、演绎、类比等)和非逻辑思维能力(如想象、直觉、灵感等)。在问题解决过程中,要不断调控学生的情绪,激发其内驱力,让学生始终处于对知识的渴求之中,吸引学生积极参与,引导学生主动思考并从多角度、多侧面、多维度寻求问题的答案,这样可使学生的潜在能力和优势领域都得到充分的调动,有利于学生创造性思维能力的提升。例如:点燃的镁在水面下也能燃烧,因此用作水下火把。但是这个金属的可燃性也在使用镁材料的过程中引起过火灾。(1)说明为什么在水下火把的点燃部分除了镁和黏合剂外还含有一种容易供给氧的物质。(2)与水下火把相反,燃着的镁带在水里就熄灭了,说明原因。(3)水下火把燃烧时发生了什么反应?写出反应方程式,并指出氧化剂和还原剂。(4)在水下火把燃烧时,还有气泡冒出,这可能是什么气体?(5)由镁燃烧引起的火灾既不能用水,又不能用二氧化碳扑灭,写出镁与二氧化碳反应的反应方程式。(6)在实验室中将镁带在煤气灯火焰中燃烧后,放到装有二氧化碳的量筒中,写出反应的产物,提出一种扑灭镁火灾的方法。世界上年产 500 000 吨镁。检索:镁和镁的合金主要用在哪些领域,列举几种日常生活中的镁制品。(7)金属镁在 1808 年第一次被制备出来,到 1860 年主要用作焰火材料,到 20 世纪 80 年代以后才广为使用,近年来它的重要性快速上升,说明其原因。

　　《今日化学 SI》教材中的开放性习题,题干所涉内容往往是学生非常感兴趣的科技前沿知识,所设计的问题层层递进,环环相扣,步步深入,学生在做这种类型的习题时,必须经过认真阅读、思考、分析和表达等过程。同时,由于这种类型的习题难度相对较大,它能挑起学生的好奇心,在学生心理上形成一种强烈的想念和牵挂,以巨大的诱惑力激起学生的注意、调动学生学习的积极性。通过这些过程,既能训练学生的解题技能,又能培养学生的思维能力、阅读能力、文字表达能力以及分析问题和解决问题的能力。

（四）实际探究应用型

实际探究应用型习题常常与生活实际、工业生产、环境问题、医药知识、科学预言和科学研究等相联系，设计这类习题的最终目的是让学生掌握科学研究的方法。当学生遇到各种让他们感到困惑的问题时，先经过推理、分析，作出多种猜测，然后通过观察、实验收集第一手资料，或通过查阅文献资料等其他方式得到第二手资料，再通过对多种途径获得的资料进行比较、归纳、统计分析，寻找问题的答案。在解决问题的过程中，让学生能够体会科学探究的艰难，感受科学家在研究过程中可能面临的各种问题，体会科学家尝试失败但最终解决问题的锲而不舍的科学精神，领悟科学的本质。例如早晨浴室里的风波：淋浴时泄水不正常，下水管堵塞了。急急忙忙找来一罐管道清洗剂想解决问题，但打开密封却不简单，当用力把防止儿童接触的安全装置打开后，罐子里的东西撒了一地。看了一下标签，管道清洗剂是难伺候的混合物。由于地砖潮了，撒出来的粉末不能照使用说明上说的那样完全清扫掉，而罐子上的危险提示又说"该物质会引起严重灼伤"。(1)危险提示中提到的是管道清洗剂中的哪一种成分？说明地砖上的水起了什么作用。写出反应方程式。(2)撒出的粉末能不能用湿抹布简单擦掉？(3)用酸就可以使管道清洗剂变得无害，这个建议的化学背景是什么？写出反应方程式。(4)列举家用的酸和酸性溶液，用哪一种可以清除管道清洗剂残留物？(5)直接把旧蓄电池的酸倒一点在管道清洗剂上，这个想法可行吗？写出可能发生的反应的方程式，说出生成物是什么。这个建议有没有价值？

《今日化学 SI》教材中探究性习题设计往往在实际生活存在原型，贴近学生的生活实际和认知水平，问题设计由浅入深、由简到繁，结构清楚、层次分明，为学生解决问题设计必要的阶梯，让水平不同的学生都能获得探索的体验、感受知识获得的过程、拥有获得成功的机会，帮助学生拓宽视野、开阔思路，提高综合运用化学及其他学科的知识分析解决实际问题的能力。该书是将课本知识与实际生活和现代科技有机结合的理想范式。

教育部《义务教育化学课程标准》(2011 版)在"教材编写建议"中指出：习题有助于巩固已学知识，提高运用知识的能力。单一的题型和测试目标不利于培养学生应用知识解决实际问题的能力。编写教材时要对已有习题进行改造,重视习题的创新。精心设计多样化的习题,以发挥习题对学生学习的不同功能。在重视基础题的同时,还应设计一些开放题与实践题,以培养学生的创新精神和实践能力。

一般来说,化学习题可分为客观题和主观题 2 种题型。在《今日化学 SI》教材中没有客观题,只有主观题。所谓客观题,即选择题,曾经备受推崇,在我国标准化考试过程中发挥了很大的作用,但这类题型不利于检测学生学习的真实情况,有些学习成绩不好的学生在解题时甚至用抓阄的方式决定试题的答案,他们可能会比那些认真思考但理解模糊的学生得分还高。在教学中也发现,如果将同样的习题安排在单项选择题或多项选择题中,学生考试往往是多项选择题比单项选择题得分低。这些现象反映出客观题的信度不足,不利于保证考试的公平性。因此,建议编写教材或编制考试习题时可以减少或取消客观题。在主观题编制过程中,对于开放题与实践题,问题情境的设计应体现现实性和真实性。在我国现行的教材中,开放题与实践题往往与实际问题严重脱节,即使有些习题情境真实,但也已经经过编者加工,提取了实际问题的有效信息,建立了化学问题模型,使学生缺少了分析实际问题的机会,不利于学生在完成习题的过程中提高解决实际问题的能力,因为往往建立化学问题模型的过程就是解决问题的过程。教材编写者需要对我国中小学生的实际情况进行切实的研究,以制定符合并可以促进学生发展的探究要求和目标。《今日化学 SI》教材的单元习题中开放题与实践题很多,主要分布在"自然—人—技术"和"知识溯源"2 个栏目中,其设计情境之真实、素材之丰富、视野之开阔及思路之精巧真是令人叹为观止,值得学习和借鉴。

第三节　上教版与德国初中化学教科书作业设计的比较

教学过程中作业的布置是为了检验学习效果,复习巩固知识;通过举一反三,帮助学生学习新知识,掌握新方法;了解"教"的整体效果,及时调整教学方法和教学重点;培养学生的"时间"管理意识;培养学生的自我意识与行动意识;培养学生的责任意识与纪律意识;提高学生的人际交往能力。教科书本身设计的作业是教师教学和学生学习的重要材料,因此,比较教科书作业设计的差异具有重要意义。德国人以严谨、扎实的风格闻名于世,其自然科学研究水平在很长时间内处于世界领先的地位,美国等西方发达国家教材的编写最初都借鉴于德国教材。本节以德国莱茵兰-普法尔茨州的化学启蒙教材《今日化学SⅠ》(Chemie Heute-Sekundarbereich Ⅰ)(后面简称"德版教材")与上教版初中化学教材作对比,客观描述中德化学教育在教学目标、理念、方法上的显著差异。

一、作业问题分布不同

上教版在每节、每章教学内容后面都留有一定量的作业问题"练习与实践""本章作业""基础实验""整理与归纳",并且在课程设计的过程中还以"交流与讨论""观察与思考""活动与探究""你已经知道什么""联想与启示"等形式留有作业问题。德版教材中教学内容后面留有作业问题"知识的检验""实验""互联网的知识",但并非在每个章节中都留有作业;课程设计的过程中没有诸如"交流与讨论""观察与思考""活动与探究"等形式的作业问题。相对于德版教材,上教版中作业的分布更广、容量更大。

二、作业提问形式不同

上教版中作业以选择题、是非题、填空题、框图题、实验题、计算题、连线题、资料检索题等形式出现。德版教材中作业主要以问答题、实验题、计算题、资料检索题等形式出现,其图表式总结性问题一般都要求学生自己完成,如德版教材"13.1"中"问题 1. 画一张记忆图,把课文中提到的酸和它们的用途清晰地表现出来"。而上教版中是画好表格让学生完善。初看起来,上教版比德版教材的作业问题更体现形式的多样化,但是经我们比较研究,不难看出德版教材作业问题对学生的能力要求更高,如德版教材"13.2"中"问题 2. 写镁与盐酸的反应方程式 $Mg(s) + 2H^+(aq) + 2Cl^-(aq) \longrightarrow Mg^{2+}(aq) + 2Cl^-(aq) + H_2(g)$",这一问题似乎已接近我们高中化学教学要求。再如"13.9 化学—检索——盐"中"问题 4. 说明为什么不能用浓硫酸来中和浓氢氧化钠溶液","5.8"中"问题 3. 回忆高炉中物料的流动方向,为什么说是逆流原则","5.9"

中"问题 2. 向卫生用品商店打听, 哪些商品含有过氧化氢", "5. 10 A3"中"问题 4. 说明锌在氧化还原剂序列中的位置和它的用途之间存在的矛盾, 说明这一矛盾是如何化解的", 提问更接近生活、生产实际, 问题综合性更加突出, 对学生思维能力要求更高。

两种版本教科书从作业设计形式上看均十分丰富。总体来说, 上教版及德教版中作业问题设计有以下共同类型:(1) 学习方法型(上教版上册 P10 中"方法提示", 德教版"13.8"中"方法");(2) 想象型(上教版上册 P136 第 4 题, 德教版"V4 磷酸根"中"作业问题 4");(3) 阅读型(上教版中"拓展视野", 德教版"13.2"中作业问题);(4) 实验型(上教版下册 P50 第 10 题、每章后的基础实验, 德教版"13.2"中 V1—V7);(5) 观察型(上教版中"观察与思考", 德教版"6.5 基础 4");(6) 探究型(上教版中"活动与探究", 德教版中"13 知识的来源 A1、A2")。上教版中还有"交流与讨论""观察与思考""活动与探究""你已经知道什么""联想与启示"等作业问题形式, 比德版教材更多。几乎所有的教师都发现单一化的作业不仅不能发展学生的思维能力, 而且易使学生由乏味而生厌。就这一点, 上教版的编者作了精心设计, 从一方面看, 这可能对教师的教学指导性更强, 在某种程度上更有利于激发学生的学习兴趣, 但从另一方面来看, 可能教师主导性发挥就相对削弱、个性得不到张扬。

三、作业问题总量不同

中德教科书中部分对应章节作业问题数量的比较见表 5-1。

表 5-1 中德教科书中部分对应章节作业问题数量比较表

版本	相关章节	作业问题量
德版教材	5. 从矿石到金属	50
	6. 水——一个多姿多彩的化合物	50
	13.14. 酸碱盐	108
上教版	5. 金属与矿物	69
	2.3 自然界中的水 (包括酸性溶液和碱性溶液等相关内容)	72
	7. 酸碱盐	114

从作业问题的总量上来看,上教版教材比德版教材多。如果教师不能处理好教材中所有这些作业问题,就可能加重学生的负担,而且作业问题设计得面面俱到,教师可能就会懒得动脑筋去考虑设计作业问题,长此以往,教师对作业题的创造力就得不到发挥。

四、中德教科书中作业问题对比分析

上教版和德版教材中作业问题设计有一共同特点:不局限于书本知识或理论知识,注重加强课程内容与学生生活以及现代社会发展的联系,注重学生的学习经验和兴趣,倡导有利于学生主动参与、乐于探究、勤于动手的方式和措施,通过作业问题培养学生收集和处理信息的能力,获取新知识的能力,分析和解决问题的能力以及交流、合作的能力。但比较而言,德版教材中死记硬背、机械训练的内容更少些,绝大部分作业问题是评论或检索资料的形式。上教版中的每章节作业问题几乎都有选择题、是非题,这类题型便于教师批改,但这些题型往往易养成部分学生投机取巧的习惯——不会做就猜;德版教材中几乎没有选择、是非题,作业问题更多的是联系生产、生活实际,更能培养学生的语言表达、收集信息、知识的实际应用等能力。

五、中德教科书中作业问题对比的几点启发

我国现行教材围绕双基编排作业问题,长期实施使学生的基本功很扎实,记忆能力很强,学业水平相当高(很多测评数据有显示),应付考试能力也强。但是在这些"优势"的背后,我们也要看到,中国学生往往书本知识掌握得很好,但是问题解决能力和创新能力却比较薄弱。

相比德版教材,国内教材的作业设计在问题数量、问题形式及问题内容等方面有必要作一些改进,特别是需要充实一些更新颖和更真实的应用型、开放性与综合性问题。作业问题的实际效果会因教师在课堂中使用方式的不同而变化,因而课堂中实际实施的效果与教材编者所预期的效果之间会存在差距,因此我们有必要对教材作业问题作进一步跟踪分析,其结果不仅有益于改进学生的学习,而且对教师合理使用教材中作业问题也很有启发意义。

参考文献

[1] 中华人民共和国教育部. 普通高中化学课程标准(实验)[M]. 北京：人民教育出版社,2003.

[2] 中华人民共和国教育部. 义务教育化学课程标准[M]. 北京：北京师范大学出版社,2012.

[3] 中华人民共和国教育部. 普通高中化学课程标准(征求意见稿)[Z]. 2016.

[4] 中学化学国家课程标准研制组. 义务教育教科书·化学(下册)[M]. 上海：上海教育出版社,2013.

[5] 人教社课程教材研究所化学课程教材研究开发中心. 普通高中课程标准实验教科书·化学(必修2)[M]. 北京：人民教育出版社,2007.

[6] 化学课程教材研究开发中心. 义务教育教科书·化学.九年级(上册)[M]. 北京：人民教育出版社,2012.

[7] 人教社课程教材研究所化学课程教材研究开发中心. 义务教育教科书·化学(下册)[M]. 北京：人民教育出版社,2012.

[8] 艾里克森.兰英译. 概念为本的课程与教学[M]. 北京：中国轻工业出版社,2003.

[9] 毕华林,卢巍. 义务教育教科书·化学[M]. 济南：山东教育出版社,2012.

[10] 方同庆. 爱因斯坦、德国科学与文化[M]. 北京：北京大学出版社,2006.

[11] 李其龙,孙祖复. 战后德国教育研究[M]. 南昌：江西教育出版社,1995.

[12] 王祖浩,王磊. 义务教育教科书·化学(第2版)[M]. 上海：上海教育出版社,2013.

［13］王祖浩，王磊. 义务教育教科书·化学(第 3 版)［M］. 上海:上海教育出版社,2014.

［14］王祖浩. 普通高中课程标准实验教科书·化学(第 4 版)［M］. 江苏:江苏教育出版社,2012.

［15］王祖浩. 普通高中课程标准实验教科书·化学反应原理［M］. 南京:江苏教育出版社,2009.

［16］王晶,郑长龙. 义务教育教科书·化学［M］. 北京:人民教育出版社,2012.

［17］Kultusministerium des Landes Nordrhein—Westfalen (hrsg.). Richtlinien und Lehrpläne Chemie(Sekundarstufe 1). Verlagsgesellschaft Ritterbach mbH,1993:17 - 35.

［18］National Research Council. *National Science Education Standards*. Washington D. C. :National Academy Press,1996.

［19］Wolfgang Asselborn usw. Chemie Heute-Sekundarbereich Ⅰ. Bildungshaus Schulbuchverlage,2010.

［20］Wolfgang Asselborn usw. Chemie Heute-Sekundarbereich Ⅱ. Bildungshaus Schulbuchverlage,2010.

［21］蔡小蔓. 基于 MOOC 环境下的高中化学翻转教学——以"物质的分离和提纯"复习课为例［J］. 中学化学教学参考,2012(4):66 - 68.

［22］毕华林,刘冰. 化学教科书的功能与结构［J］. 化学教育,2001,22(12):5 - 8,12.

［23］毕华林,卢巍. 化学基本观念的内涵及其教学价值［J］. 中学化学教学参考,2011(6):3 - 7.

［24］彼德·南特维克. 从关注输入到关注输出:德国科学教育的转向［J］. 基础教育课程. 2013(C1):88 - 90.

［25］陈广余,倪娟. 中德化学启蒙教材有机内容比较［J］. 化学教育. 2015,36(19):12 - 17.

［26］陈捷,覃敏奎,罗碎海. "对数"概念的引入教学的对比分析［J］. 中学数学研究,2009(7):5 - 7.

[27] 邓育红,倪娟. 重理论 讲方法 强实际——德国化学教材《今日化学 SI》特色与启示[J]. 中学化学教学参考,2013(12):65-67.

[28] 邓育红,倪娟. 中德初中化学教材开篇实验的比较与分析[J]. 化学教育,2014,35(5):5-7.

[29] 邓育红,倪娟. 德国中学教材《今日化学Ⅰ》习题赏析[J]. 化学教育,2014,35(23):9-12.

[30] 邓育红,倪娟. 践行 STSE 理念的德国化学教材特色研究[J]. 化学教学,2015,37(11):92-96.

[31] 邓育红,倪娟. 德国高中教材《今日化学》中"塑料"的特色及启示[J]. 化学教育,2017,38(13):1-6.

[32] 丁浩,倪娟. 德国中学化学教科书中的概念设置及其特点——以"化学反应速率"为例[J]. 化学教育,2015,36(3):10-13.

[33] 耿秀梅,倪娟. 德国中学化学教材中核心概念的编写特色研究——以"化学平衡"内容板块为例[J]. 化学教学,2016,38(8):17-22.

[34] 郭睿. 我国化学概念教学二十五年[J]. 教育科学研究,2006(4):47-48.

[35] 郭玉英,姚建欣,彭征. 美国《新一代科学教育标准》述评[J]. 课程·教材·教法,2013(8):118-127.

[36] 刘克文,张桂春. 德国完全中学化学课程的目标与内容[J]. 比较教育研究,2003(2):57-60.

[37] 卢慧亮,倪娟. 上教版与德国初中化学教科书作业设计的比较[J]. 化学教与学,2015(3):18-19.

[38] 陆真,林菲菲,魏雯. 加拿大科学教育中 STSE 理念及在化学教材中的体现[J]. 外国中小学教育,2007(1):56-59.

[39] 茆建军. 氢氧化铜与氨水反应的实验探究[J]. 化学教育,2006,27(6):55,64.

[40] 茆建军,倪娟. 中德教材中"同分异构体"概念的引入对比[J]. 中学化学教学参考,2015(11):66-68.

[41] 茆建军,倪娟. 中德教材"有机化学"内容的比较研究[J]. 教育研究与评论(中学教育教学),2017(9):29-35.

［42］倪娟,沈健.中小学课程评价改革:主要问题及可能对策[J].教育发展研究,2011(8):18－22.

［43］倪娟,沈健.课程变革的一种推进策略:确立"可行变革区"[J].教育研究,2009(7):33－39.

［44］倪娟,沈健.理科"探究教学"实践问题的理论思考[J].教育学报,2009(2):26－33.

［45］倪娟,沈健.中美两国理科"探究教学"的比较分析[J].高等理科教育,2010(3):3－6.

［46］倪娟,沈健.高中课改学分认定的实践研究[J].中国教育学刊,2010(2):15－18.

［47］倪娟,沈健.论理科教育变革之基本理念:"科学与人文的融合"[J].教育学报,2009(4):36－46.

［48］倪娟,沈健.尊重实践逻辑:教育理论假设成立的必然要求——中学理科课程标准弹性化问题研究[J].教育研究与实验,2009(2):82－87.

［49］倪娟,杨玉琴.论基于培养学生学科观念的教学情境创设——以"有机合成"教学设计为例[J].化学教育,2012,33(12):3－5.

［50］倪娟,李广洲.理科课程改革:回归基于日常生活的"科学世界"——基于理科课程标准文本分析[J].课程·教材·教法,2008(6):62－66.

［51］单世乾,倪娟.德国中学化学教材"电化学"内容的设置及启示——以《今日化学 SⅡ》"电化学"内容设置为例[J].化学教学.2017,39(11):23－27,38.

［52］谢淑海.试论加拿大的 STSE 教育及其启示[J].世界教育信息,2009(2):67－69.

［53］谢兆贵.中美化学教材"物质的量"内容编排比较[J].教学月刊(中学版),2011(10):38－40.

［54］熊言林,周倩.导教图——一种思维疏导的教学设计工具[J].化学教育,2013,34(9):37－41.

［55］于忠荣.外显教材中隐性学习资源的具体做法[J].化学教育,2013,34(5):27－28.

［56］万东升,张红霞.美国 2010《科学教育框架(草案)》述评及启示[J].比较教育研究,2011(12):78-82.

［57］王俊义,倪娟.德国初中化学教科书内容设置及其特色——以"酸、碱、盐"知识为例[J].化学教育,2015,36(5):7-10.

［58］王威,刘恩山.美国科学教育框架设计理念的发展动态[J].外国教育研究,2012(8):70-74.

［59］吴庆生.中学化学核心概念关键特征的建构策略[J].化学教育,2015,36(1):34-38.

［60］夏国顺,倪娟.德国初中化学教材内容设计特点研究——以"水"单元为例[J].中学化学教学参考,2014(11):66-67.

［61］杨向红,倪娟.中德化学教材导论章节对科学探究学习的编写比较[J].化学教学,2015,37(5):36-39.

［62］殷志忠,倪娟.基于学科观念的中德初中化学教材内容比较——以"物质分类及分离"为例[J].中学化学教学参考,2014(10):68-70.

［63］殷志忠,倪娟,陈强.中德教材"金属与金属矿物"的内容设置比较研究[J].化学教育,2013,34(12):6-9.

［64］虞琦,倪娟.德国中学化学教材的编写特点及其启示——以"化学反应速率"专题为例[J].化学教学,2015,37(4):93-97.

［65］周青,张新翠,杨辉祥.中英化学教材中习题的设计对比及启示[J].化学教育,2006,27(6):15-18.

［66］朱存扣.设计开放性问题　培养创造性思维[J].化学教育,1999,20(6):17-20.

［67］朱存扣,倪娟.中德化学启蒙教材中"化学反应"编写的比较[J].化学教学,2013,35(12):11-13.

［68］朱存扣,倪娟.中德初中化学教材中"原子"编写的比较[J].化学教育,2013,34(11):9-11,18.

［69］朱存扣,倪娟.德国初中化学教材单元习题设计特点分析[J].化学教育,2014,35(15):10-12.

［70］周玉芝.以核心概念为统领设计化学教学［J］.化学教育,2012,33(6)：
　　　27－29,32.

［71］程晨.德国化学课程中的"学科能力"研究［D］.上海:华东师范大学硕士
　　　学位论文,2010.

后 记

　　《德国教材〈今日化学〉研究成果》是全国教育科学"十二五"规划 2014 年度教育部重点资助课题(DHA140284)的研究成果,获得江苏省人才办"333"工程第四期二层次培养对象省中青年领军人才科研资助。在本书中,我们从教材设计的五个方面——概念设计、内容选择、实验设置、特色探究、习题亮点,对中德化学教材对比研究成果进行划分,呈现出德国化学教材的特色及其与我国化学教材的差异。研究的内容与结论为广大化学教学工作者了解德国化学教育、认识德国中学化学教材内容提供了直观的素材。这本书可以在有限的范围内揭示德国化学教材的基本情况,若要更深入地了解德国中学化学教材,仍需更全面、更深入、多样化地研究。希望借由这本书的出版能在我国中德化学教材比较研究领域起到抛砖引玉的作用,使更多的研究者加入到这一领域中,将中德化学教材研究继续向前推进。

　　本书的写作为期五年,倾注了大量参与该项目的研究人员的热情与心血,每节都在化学教育领域内的权威期刊刊发。尤其是德国《今日化学》教材的译介工作,沁入了南京大学胡宏纹院士大量心力。在此对胡院士表示衷心的感谢,感谢胡院士对基础教育的满腔热心。受其全权委托,已对原著译稿作了通篇修改,但限于几家出版社没能获得德国原版权单位的授权,译稿目前仍未出版,故而转换方式把历年来的研究成果结集出书,以告慰九泉之下的胡院士。在本书的写作过程中,得到江苏省南京二十七中邓育红、常州一中赵妍等老师的协助整理,在此给予衷心的感谢,没有他们的帮助,这本书很难面世。同时,还要感谢南京大学出版社金鑫荣社长、耿飞燕编辑等的帮助,本书才能得以尽快出版,为大家展示相关研究成果。

附 录

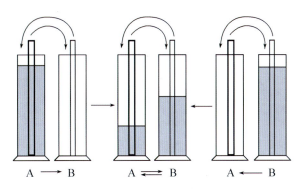

图 1-6 平衡建立模型实验图

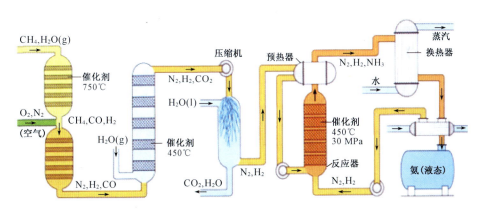

图 1-7 氨的合成

图 2 - 15　小橡皮球

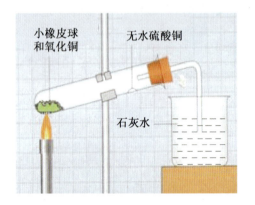

图 2 - 16　小橡皮球元素检验的装置

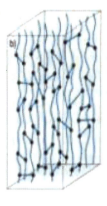

图 2 - 17　硬塑料　　　　　　图 2 - 18　特殊塑料

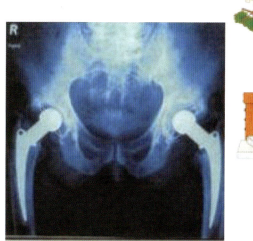

图 2‑19　现代医学中的塑料

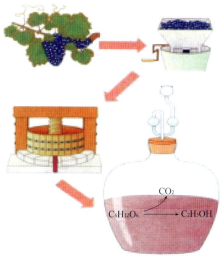

图 2‑20　由葡萄糖发酵制造乙醇

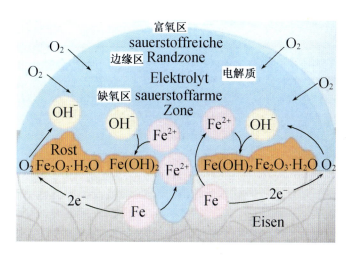

图 2‑21　铁锈蚀中的电化学过程

红甘蓝有时呈红色有时呈蓝色,
红甘蓝加水煮时变蓝。
颜色与外界条件有关。

观察环境中的事件或现象。

在变蓝的红甘蓝中加一块苹果后,
重新变红。
问题:是什么原因引起颜色转变?
猜想:苹果果肉中的糖引起颜色
　　　转变。

追问这一现象的起因,
猜想事物间的关系。

实验:在变蓝的红甘蓝中加食糖。
观察:没有引起颜色转变。
结论:猜想可能是错的。

用实验来检验各种猜想,
以此对现象更精确地观察。

如果实验不能证实猜想,
就应当认为猜想是错误的。

新的猜想:苹果果肉中的酸引起
颜色转变。
实验:在变蓝的红甘蓝中加酸或
柠檬汁。
观察:颜色变红。
理论:酸性物质与红甘蓝中的染
料发生作用,引起由蓝到红的颜色转变

如果实验能证明猜想,就可
以认为猜想是正确的。

多次证实的猜想成为一种理
论。在理论的帮助下可以预
测新的现象。

图 3-1　红甘蓝显色原因实验探究

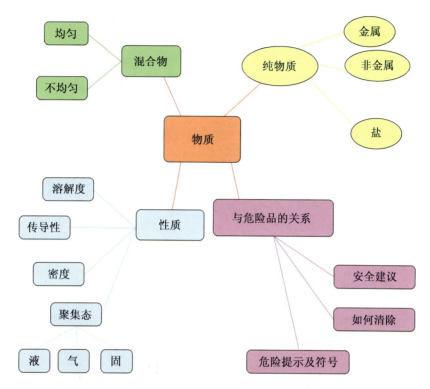

图 4-2 有关物质的思路图

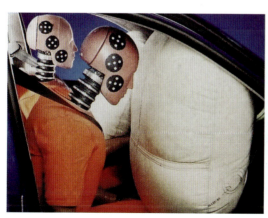

图 4-4 气袋

图 4-5 气步甲

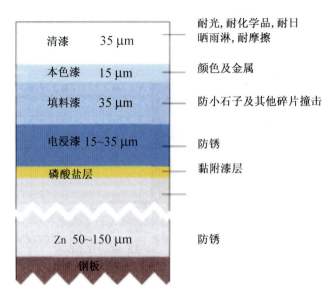

清漆	35 μm	耐光,耐化学品,耐日晒雨淋,耐摩擦
本色漆	15 μm	颜色及金属
填料漆	35 μm	防小石子及其他碎片撞击
电浸漆	15~35 μm	防锈
磷酸盐层		黏附漆层
Zn	50~150 μm	防锈
钢板		

图 4-8　汽车的表面处理

图 4-9　硫化后的橡胶适合制造汽车轮胎

滚动面

侧面

尼龙绝缘面

钢帘线带

聚酯纤维层

网芯

不透气
的内层

图 4-10 汽车轮胎的结构

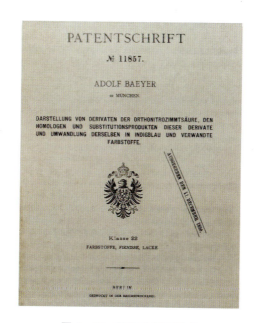

图 4-13 靛蓝的专利证书

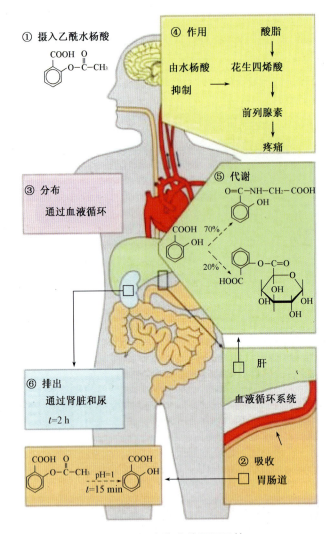

图 4 - 15 人体中的阿司匹林

图 4 - 18 切尔诺贝利核爆炸的影响